アップルのリンゴは なぜかじりかけなのか?

心をつかむニューロマーケティング

廣中直行

光文社新書

はじめに

二〇一八年四月十八日の日経新聞は、二〇一七年度のアップルの純利益が四百八十四億ドル（約五兆三千億円）で、世界首位であったことを伝えている。

前年度と比べても五・八パーセントの伸びであり、利益規模では三年連続世界トップである。今やアップルは世界最大の企業群に名を連ねる。

だが、今からおよそ二十年前のアップルはこうではなかった。

雑多な製品ラインを掌握しきれず、業績は低迷し、どこに身売りするかという噂でもちきりだった。

まさにその渦中の一九九七年、アップルを去ってから十数年ぶりにスティーブ・ジョブズが復帰する。

ジョブズはまずマイクロソフトとの提携で地盤を固め、ラインアップの整理に乗り出す。

それからアップルはホップ（ｉＭａｃ）、ステップ（ｉＰｏｄ）、ジャンプ（ｉＰｈｏｎｅ）で起死回生を遂げる。

どうしてこんな飛躍が可能になったのだろう？

人々はジョブズの天才的な経営手腕や、これらの製品を支えたデザイナーのジョナサン・アイブの仕事に注目するが、それだけではないと私は思う。

ジョブズがアップルに復帰する少し前、アップルはドナルド・ノーマンという著名な認知科学者をフェローとして招聘し、「ヒューマン・インターフェイス・ガイドライン」を策定した。心理学を勉強していた私たちにとってみれば、ノーマンは巨匠である。研究者はみなノーマンがピーター・リンゼイと一緒に書いた『情報処理心理学入門』を勉強した。最も苦しい時期、アップルは「人間の本質とは何か」「人間の『こころ』はどのように働くのか」を真剣に知ろうとしていた。


いま、市場にはモノがあふれている。このうえ何を作ってどう売ればヒットするのか、見えにくい世の中だ。そういう厳しい環境の中で各社がしのぎを削っている。

競争には情報を握った方が勝つ。

その情報の中でもいま、最も価値が高いと思われているものは、人間が何を好み、どんなモノを欲しがるのかを教えてくれるような情報、つまり人間の「こころ」を動かす根本原理である。

その原理は、アンケート調査や官能検査など、これまでよく使われてきた方法ではわからない。なぜなら人間の本当の気持ちは言葉で表すことのできない深層心理が作り出しているからだ。

その深層心理が科学の力で解き明かされつつある。

すなわち、脳科学と商品開発やマーケティングの実践が結びついた「ニューロマーケティング」がこの十年余りで大きく進歩した。本書はそのエッセンスをわかりやすく解説したものである。

世の中にニューロマーケティングの本はすでに出回っている。

しかし、それらを研究者の目で見ると「いまさら」と思うようなことが仰々しく書いてある。また、会社員にしてみれば「だからどうすればいいんだ?」と途方に暮れる。いずれにしても進んで読みたいと思うようなものがなかなかない。だからというので、専門家も一般読者も両者が読んで意味のあるものを目指して書いてみたのが本書である。

タイトルはアップルのリンゴに触れているが、リンゴの本ではなく、アップルのビジネスを分析した本でもない。そういう本は山のようにある。

過去の分析ではなく、これからどうすれば良いのかを知りたい。本書は、筆者自身がそういう問題意識を持ちながら、どうすれば人の「こころ」をつかむことができるか、どういう工夫をすれば売れるのか、それを人間の行動を支配する根本的な原理に立ち返って考えてみたものである。

本書の最初の3章は総論で、ニューロマーケティングの概論（第1章）、方法論（第2章）、脳の予備知識（第3章）が述べてある。「面倒な前置きは良いから」とはおっしゃらずに、ぜひともここをしっかり読んでいただきたい。ニューロマーケティングもサイエンスであるからには、方法（メソッド）に関する理解がなくてはどんな知識も砂上の楼閣である。

続く第4章から第10章までが各論、本書の心臓部分である。これまでの研究に基づいて、「好まれるモノとはどんなモノか？」（第4章）、「ヒットの決め手は何か？」（第5章）、「どうすれば売れるのか？」（第6章）、「新商品投入のタイミングは？」（第7章）、「好きになってもらうためには」（第8章）、「財布のヒモを緩めるには」（第9章）、「最強のセールスとは？」（第10章）といったことを考えてみた。

それぞれの章は、まず商品開発やマーケティングの実例、次に実証的な研究例、さらにそれらと関係のある脳の話、という順で進めた。なお、研究例は第10章で紹介したものには私自身が関わっている。それ以外の例はすべて、誰でもアクセスできる論文として公開されているものから選んだ。企業の研究は公開されていない場合が多いことと、応用の可能性を考えて一般的な原則に重点を置きたいと思ったのでこのようにした。また、こういった研究の話を現場の方々がどう受け止めるのかを読者と共有したいと思い、二人の方に登場していただき、私と対話してもらった。一人はあるメーカーで幼児用の玩具、具体的には人形を開発している方で、もう一人はテレビ番組のプロデューサーである。私の話に納得できない部分も含めて率直に語っていただいたので、その生の声をお届けしたい。

最後はニューロマーケティングにまつわる未来の話で締めくくった。

なお、この場で「利益相反」を開示しておく。本書には多くの企業や商品が登場するが、そのどれとも私は利害関係を持っていない。また、私はいくつかの企業とつきあいがあるが、それは本書の内容にはいかなる影響も与えていない。

※本文中に添えた番号は、巻末の参考文献（章別）に対応しています。

目次

第3章 無意識が嗜好をつくる

第4章 法則その1～「珍しさ」と「懐かしさ」のバランスを取る

第5章 法則その2～〝期待〟を裏切る

第6章
法則その3～「自分は正しかった」と思わせる

第7章
法則その4～巧みに不満を演出する

第8章
法則その5～とにかく露出を増やす

第1章　なぜ「脳を知る」と良いのか？

キーワードは「良い気持ち」

二〇〇一年の春、よく晴れた日だった。

理科学研究所でお世話になった先生から声をかけていただき、私は都心のビルにある小さな会議室に足を運んだ。

そこにはジャーナリスト、精神科医、認知科学者、霊長類学者、思想家、ロボット工学者などなど、どういう基準で集められたのかわからない人々が集まっていた。それもテレビで見たことのある有名な方ばかりで、私はしょうしょう緊張した。

そこへ、きちんと背広を着こんだ企業の方々が私よりも緊張した面持ちで入ってこられた。皆さんは、さる高名なオートバイメーカーの幹部だった。

私たちに与えられたミッションは、「今の人間にとって理想の乗り物とはどんなものか。そのコンセプトを出して欲しい」というものであった。

「議論の内容には全く制約をつけません。何でもご自由にお話しください。弊社の利益というようなことはお考えいただかなくて結構です」

このように幅広い専門家を集めた理由は、「人間とは何か、人間が何を求めているのかを

表1：自動車の広告ポイント（文献 1-1）

1960 年代	馬力・排気量
1970 年代	親しみ・スタイリング（外見）・ステイタス
1980 年代	堅実さ・みんなの選択・走りの軽快性
1990 年代	安全性
2000 年代	走るよろこび・自分らしさ・環境への優しさ

根本的なところから考えなければ、良いものを作ることはできないと思うからです」ということだった。

それから一年かけて私たちは思う存分、知的に「遊ぶ」ことになるのだが、それは後の話だ。

「乗り物」は私にとって全く未知の世界だった。

そこでまず、オートバイとは異なるが、「自動車はどうやったら売れるのだろう？」と考え、調べることにした。

調べたのは自動車広告の移り変わりである。これは後に論文にまとめられ、『国際交通安全学会誌』に掲載された。これを見ると時代による変化がはっきりわかる(1)（表1）。

一九六〇年代のキャッチコピーがうたっていたのは馬力や排気量だった。その頃は自動車の「性能」が売りだったのである。それが一九七〇年代には外見やステイタスに変わる。自家用車を持つことが豊かさのシンボルになったのだ。その後「堅実さ」「安全性」と主な訴求点は変わってきたが、二〇〇〇年代になるとまたがらりと一変する。

二〇〇〇年代の自動車の売り文句には「走るよろこび」「自分らしさ」「環境への優しさ」といった言葉が並ぶ。自動車が「良い気持ち」を与えてくれるかどうかが大事になったのだ。「環境への優しさ」も、つまるところは「そういうクルマに乗っている」というプライドが大事なのであり、間接的に「快感」につながっている。

二十一世紀にクローズアップされてきたのはユーザーの「こころ」だった。

情緒的価値の時代

マーケティングやブランディングの業界では商品に二種類の価値があると考える。ひとつは「機能的価値」という。これは客観的な数値で表すことができる性能のことで、かつては重視されていた。自動車で言えば、加速性能やコーナリング性能、CO_2排出量などが機能的価値である。

もうひとつは「情緒的価値」という。これが近年重視されている価値で、商品が人間の「こころ」に訴えるメリットのことだ。モノを使っているときの楽しさや心地よさ、モノを持っていることで感じる喜びや満足など、ユーザーに良い気持ちを提供する価値のことである。

機能的価値の追求は今日でも続いているが、今や情緒的価値の時代である。自動車広告はそのことをはっきりと示している。一九九八年に登場したカラフルでかわいらしいｉＭａｃがヒットしたのも情緒的価値に訴えたからだった。「パソコンの外観なんかどうでもいいじゃないか」というコチコチの機能主義の考えをアップルが粉砕したのだ。

パソコン、スマートフォン、家電、家具、文房具、台所用品など、身の回りのたくさんのモノが快適さ、面白さ、楽しさ、使うよろこびを訴えている。あるマーケティングの専門家は、この現状を「あらゆるモノが嗜好品化してきた」と言っている。この方はある文具メーカーで長年筆記用具の開発にたずさわってきた。なめらかに書けるボールペン、くずの出ない消しゴムなど、数多くのヒット商品を生んだ。その方が「自分は嗜好品を作ってきたのだ」と言う。

「こころ」を知る

どうすればユーザーの嗜好に迫ることができるだろうか？

マーケティングリサーチに心理学や統計学の専門家が動員されたわけは、そこにある。

ところが従来のリサーチでは嗜好に迫る方法は複雑で、実地に応用する前にいくつものハードルを乗り越えなければならなかった。

たとえば、しょうしょう古い話になるが、食品の例を見てみよう。

食品業界では「魅力のある食品」の開発を目指し、一九七八年から「食生活研究会」という研究者の団体と食品メーカーが協働して食生活における嗜好の解析を始めた。(2)

この解析ではまずフリートークによるブレーンストーミングを行い、その結果をKJ法という手法で整理した。そこから質問項目を設定し、三百人を対象に予備調査を行った。

この予備調査の結果にもとづいて質問項目の見直しを行い、今度は全国規模で五千人のデータを集めた。

その結果を因子分析、数量化I類、クラスター分析、コホート分析といった統計手法で解析し「食品の嗜好」に関するデータベースを作った。

ここまででもかなり手間がかかっているが、これでようやくスタートラインである。

このデータベースを他の意識調査やメニュー検索システムと統合し、ひとつは社内モニターや味覚審査員の選択に、もうひとつはターゲット消費者の選択に使うことにした。社内モニターは七百人、官能評価にあたるパネルは百人である。消費者にテストしてもらうまでに

「コンセプト評価」「試作品評価」「製品試作評価」と数多くの段階を踏んだ。だいたいこれが「従来型」のマーケティングでやってきたことである。とにかく手間がかかる。だが、手間だけの問題ではない。嗜好は個人によって異なる。個別化された嗜好には、この方法ではアプローチできない。

そこで注目されてきたのが「脳」である。

脳の時代

「こころ」は脳の働きから生まれる。

好き嫌いを決めたり、モノを買うか買わないかを決めたりするのは脳である。

試作中のモノがどの程度好まれるか、どの程度の値段ならば「買ってもよい」と思われるか。そういうことは、原理的に言えば、脳の活動を調べれば予測がつく。

それらがうまく予測できれば、商品開発やマーケティングで「むだ打ち」をするリスクが減る。効果的なコマーシャルを作るにはどうすれば良いか、ブランドイメージを確立するにはどうすれば良いかといった課題にも答えが出る。

脳の知識をマーケティングに応用しよう。そういうことはずっと前から言われていたし、

試験的な試みもあった。(3)

だが、その昔は、人間の脳の働きに迫る研究方法はまだ「にぶい」ものであった。本格的な進歩が始まったのは一九九〇年代になってからである。

一九九〇年、アメリカのブッシュ大統領は「これからの十年を脳の十年とする」と宣言した。脳の研究には巨額の予算がつけられた。日本も負けてはいられないので、一九九七年、理化学研究所に「脳科学総合研究センター」が作られた。

一九九〇年代の初頭には生きた人間の脳の活動を画像としてとらえる原理が提唱され、九〇年代の終わりになると、実際に活用されるようになった。

脳の研究はまずもって基礎的な科学である。応用を目指すとすれば医学・医療への貢献が第一だ。この優先順位は今でも変わらない。

だが、二〇〇〇年代も後半に入ると、神経科学のトレンドが変わった。

「美しさ」や「快感」、「アート」や「ユーモア」といったことがメジャーな研究テーマになってきたのである。こういうのは従来のアタマの硬い考えからすると、どうでもいいようなテーマだった。しかし、実はこういったことが人類を進化させてきたのではないか、これらはヒトの脳が生み出した「剰余価値」ではなく、文明の本質なのではないかと思われるようになったのだ。

ニューロマーケティングの誕生と発展

そういう問題意識が「実社会での実験フィールド」として商品開発やマーケティングに向かうのは自然なことだった。

ここでも先鞭をつけたのはアメリカで、二〇〇二年には「ニューロマーケティング」という言葉が生まれ、早くも二〇〇四年には学会が開かれた。(4)

ニューロマーケティングを一躍有名にしたのは、この年に発表されたコーラのブランディング実験である。

まず、どのメーカーのコーラかわからないようにして二種類のコーラを試飲してもらう。その後、どちらが美味しかったかという問いかけを行うと、「ペプシコーラ」という答えが多かった。そのときには脳の深い場所、感情に関わる場所が活動していた。しかしブランドを明らかにすると、今度は「コカ・コーラの方が良い」という答えが多くなった。このと

きには脳の中でも高次の知的活動に関わる場所が反応していた。(5)

この実験には二つの意味があった。

第一は、「本当に美味しいと思うときに活動するのは脳のどこか?」という問いに答えが出たことである。

第二は、いわゆるブランドロイヤルティの問題に答えが出たことである。消費者が特定のブランドにこだわるとき、それが脳のどの場所の活動と結びついているかがわかった。

この実験は有名なので、ニューロマーケティングの本というと必ず出てくる。


だが、これだけで終わってしまっては、この実験の本当の意味をくみ取ったとは言えない。

本当に興味深い問題は別にある。

それは、「ブランドがわかったとき、被験者たちはなぜ『本当に好きなのはこちら』という気持ちを裏切ったのか」という問題だ。

人間は常に合理的な判断をするとは限らない。せっぱつまったとき、あまりにも情報が多いか少ないかのどちらかであるとき、疲れたときなど、「どうしてこんなことをしてしまったのだろう」と後で思うような、うまく説明のつかない行動をする。

こうした人間の行動の非合理性も研究者の注目を集め、ニューロマーケティングの研究を後押しした。

なぜかと言えば、私たちがモノを買うという行為は、「不確実な事態での意思決定」という研究課題の応用だからである。そういうとき、人間は常に合理的な意思決定をするとは限らない。俗に「エイやっと決める」というが、その「エイやっ」が面白い研究対象なのである。

そしてこの問題に答えが出るのなら、マーケティングは本気で取り組むに値する。

こうした問題に対して、まず一九七〇年代に心理学的な研究が進み、心理学と経済学が結びついた「行動経済学」が生まれた。行動経済学がたくさんのノーベル賞受賞者を輩出していることはご承知の通りだ。

それに脳科学が加わり、「ニューロエコノミクス（神経経済学）」という新しい分野ができた。

ニューロエコノミクスの実験に使われていた図形や短文が実際のお金や商品で置き換わったのが、ニューロマーケティングである。今日では、脳科学とマーケティングのコラボによ

って新しいビジネスチャンスが生まれると考えられている。(6)

ただし、あまり急速に実社会への応用を考えると、科学的基礎をよりどころとしない、いい加減な話が広まってしまう心配がある。

そこでわが国では、二〇一〇年に「応用脳科学コンソーシアム」が設立された。これは日本神経科学会がバックアップし、ビジネス現場の人に正しい研究の姿を知ってもらい、それをふまえて事業活動を推進することを目標にしている。このコンソーシアムはマーケティング、メンタルヘルスケア、人工知能（ＡＩ）などについて研究会やセミナーを開いており、現在その参加企業は五十社に届く勢いである。

本書のスタンス

ニューロマーケティングはまずもって順調に発展してきたが、一人の会社員の立場で現状を見てみると、良いことばかりではない。

第一に、脳の活動を調べるにはカネがかかる。脳の実験に手が出せる企業は少ない。そうすると情報が大手企業だけに独占されてしまう。それでいいのだろうか？

第二の理由は費用よりも深刻だ。

苦労して脳の活動を調べても、自社製品に有利な結果が出るとは限らない。さきほどのコーラの実験を思い出していただきたい。あなたがペプシの社員だったら、あの結果をどう思うだろう？　自分たちは本当は好かれる製品を作っているのである。それなのにブランド力で負けている。これはやりきれない。

脳の活動は正直だから、「競合他社品の方が良い」という結果が出てしまうこともあり得る。そうなったら会社員としては大変だ。

さらに第三の問題は、人間の脳の活動を調べられる施設はまだ限られているということ。実験を提案しても数ヵ月程度は待たされる。この遅れは企業の開発現場、販促現場にとって致命的だ。

そういうわけで、実際にデータを集めるのは、おいそれとできることではない。

そこで私が考えたのは、心理学や神経科学の研究から「こんなことがわかりました」という話を整理して紹介することである。すでに二十年近い研究の歴史があるのだから、それなりのことはわかっている。

それを本書では「法則」のタイトルでまとめてみた。

「法則」とは少々おおげさだが、「こうすれば売れる（はずだ）」という話である。どれもいちおう確実な証拠に基づいている。

人間の認知や情動の研究者にとっては、こういうトピックはすでによく知っていることかも知れない。だが、その知見を「モノを作って売る人のための法則」というカタチでまとめたものは、これまでになかったのではないかと思う。

話の並べ方は一つの商品が生まれてから市場に出るまでのライフサイクルに合わせて、コンセプト設計（第4章、第5章）、セールスポイントの設定と市場投入のタイミング（第6章、第7章）、販促の要点（第8〜第10章）という順番にした。ただし、各章に書いたことがお互いに無関係というわけではないから、ざっくりとアタマから読んでいただければありがたい。

第2章　ニューロマーケティングの方法

目：視線・瞳孔・まばたき

この章ではニューロマーケティングに使われる研究方法を紹介しよう。

実を言うと、「ニューロ」だからといって、とにかく脳を調べれば良いというものでもない。

「こころ」を知るためにはいろいろな実験方法がある。実際には、そういう実験で得られた結果と脳の計測結果や心理実験の結果を組み合わせて使うことが多い。

まず、古くから人の好みや興味を調べるために使われ、今でも使われる方法の代表は目である。「目は口ほどにものを言い」という。人間の体が出来上がっていく仕組みを考えても、目は脳が顔の前方にせり出してきたものと言えるのである。

（視線）

人がどこを見ているかを調べる装置を「アイ・トラッカー」という。

昔は大きなゴーグルのようなものを顔につけたが、この頃ではずいぶん小型のものが出回っている。ディスプレイに記録装置をつければ、人間の方には何も装着しなくても視線の動きを記録できるデバイスもある。

車の運転中に人がどこを見ているかを示す映像を見たことのある人は多いだろう。アイ・トラッカーのデータは広告のレイアウトを決めるのに使われたり、コンビニやスーパーの商品配置を検討するのに使われたりする。

視線には無意識の「好み」があらわれる。「これが好きだ」とか「こちらに決めた」とか思う前に、その方に向かって目が動くのである。

ある有名な実験では、被験者に、よく似た二人の顔写真を見せて、「どちらが好きですか？」とたずねた。

計五人の被験者が、一人あたり二十組の写真を見て判断した。その判断の前に彼らはどちらの顔を見ていたか？　被験者の視線を一秒間に三十回取り込んで解析し、全体の平均を取ってみたのが図１である。(1)

結果は、実際に判断する〇・六秒ぐらい前から「これから好きになる顔」の方に視線が寄って行くことを示している。わずか〇・六秒ではあるが、「好きな方を見た」のではなく、「見た方を好きになった」ことが証明された。事実、これに続く実験では被験者の視線を実

図1：判断する前に視線が寄る（文献2-1）

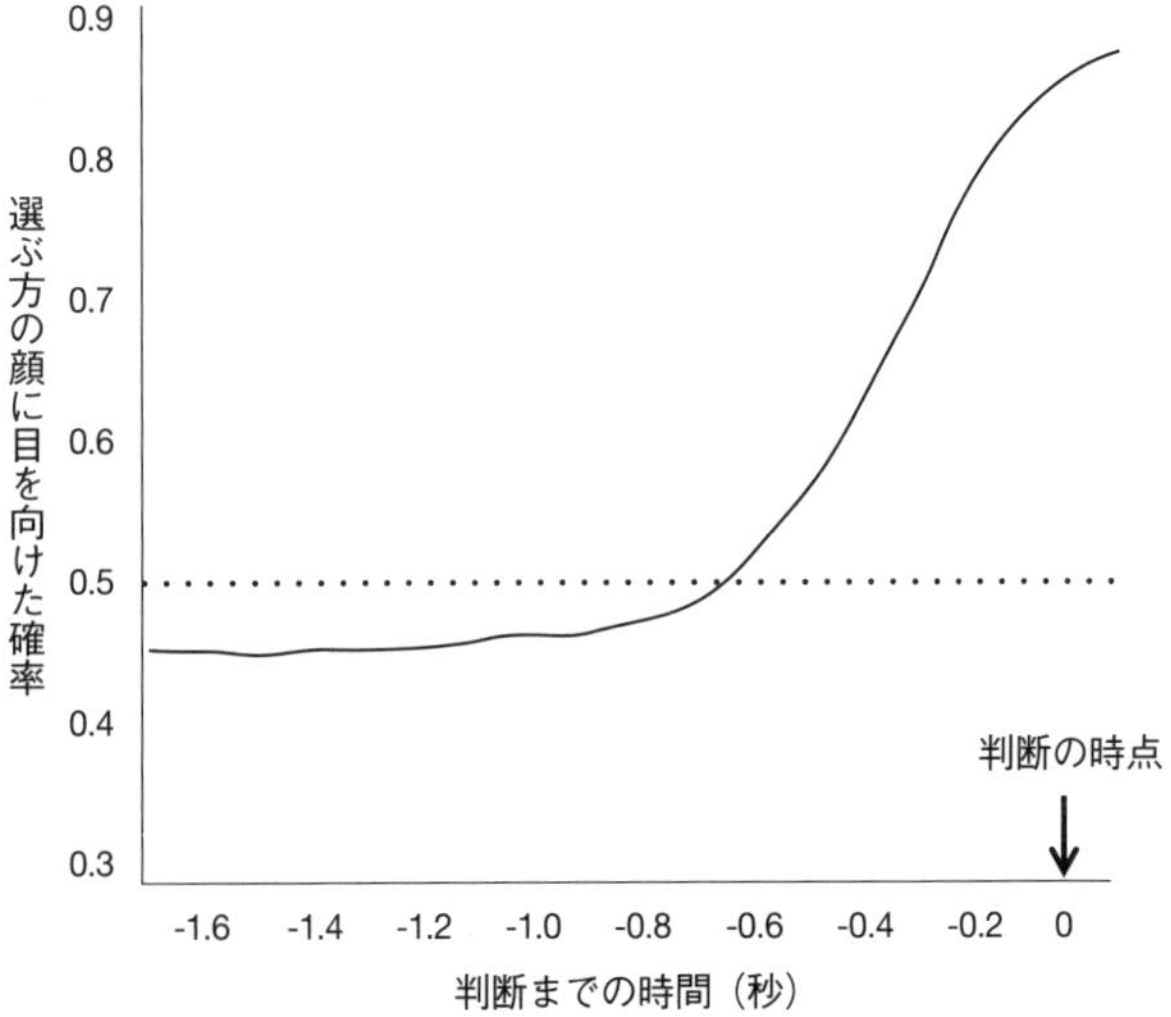

験者が操作し、「好み」を作り出すことにも成功している。

（瞳孔）

アイ・トラッカーの中にはひとみの大きさ（瞳孔径）を記録できるものがある。

一九六〇年に『サイエンス』という一流雑誌に、「興味のあるものを見ているとひとみが大きく拡がる」という論文が出た。その実験ではヘテロセクシャル（異性愛）の男性に女性のヌード写真を見せた。そうするとひとみが拡がったという。[2] 単純な男性だなと思うが、ひとみを大きく開いてじっくり見ようとするのだというような、もっともらしい説明も行われた。
しかし、この頃の研究では「好きなものを見るとひとみが大きくなる」という話はしょうしょうあやしくなった。嫌いなものを見たときにもひとみが拡がる。[3]
どうやら、好きであれ嫌いであれ、興奮したときにひとみが拡がるようなのである。だから、「瞳孔径で好き嫌いがわかります」という話は割り引いて考えないといけない。瞳孔径が好みの判定に使えるのかどうかは、現在でも未解決の問題である。

(まばたき)

ひとみの大きさの話は一貫してないが、もっと簡単に「興味」を知る方法がある。それは「まばたき」を調べることだ。まばたきには脳に入る情報をシャットアウトして、注意を切り替える機能がある。

人間は興味のあるものを見ているときにはまばたきをしない。それを見終わると、反動でたくさんまばたきをする。

静止画より動画の方がこの効果は出やすい。

ある実験では、テレビ番組に対する興味とまばたきの関係を調べた。

六十五人の男女にコメディ、科学番組、レスリング、歌舞伎などの動画を見てもらい、まばたきの回数を測定した。そのデータと「面白い」と感じた程度との関係を調べてみると、たしかに、面白いと思うものを見たときには、男女ともにまばたきの回数が少なかった。

ちなみにまばたきが一番少なかったのはレスリングで、多かったのは歌舞伎だ。私のような歌舞伎好きには残念な結果だが、そういう好みの人たちだったのだろう。(4) このようなまばたきのデータは、テレビやCMのリサーチに使われている。(5)

姿勢：体の重心の偏り

「好み」は体の動きにもあらわれる。好きなものを見ると何となくそちらに体が傾く。これを測定すれば、マーケティングに使える。

ただし、きちんと調べるにはちょっとした工夫が必要である。なぜなら、私たちが「好きだ」と思って体を動かしたならば、言葉で答えてもらうのと変わらないからだ。マーケッターが知りたいのは無意識の好み、私たちが自分でも気づいていない興味である。

そのための工夫がある。多少の仕掛けが必要だが、原理はそれほど難しくはない。

利き腕にひもをつけて、それを器具で規則正しく引っ張るのである。こうすると体は常に

図2：無意識の好みを重心の変化でとらえる（文献2-6より作成）

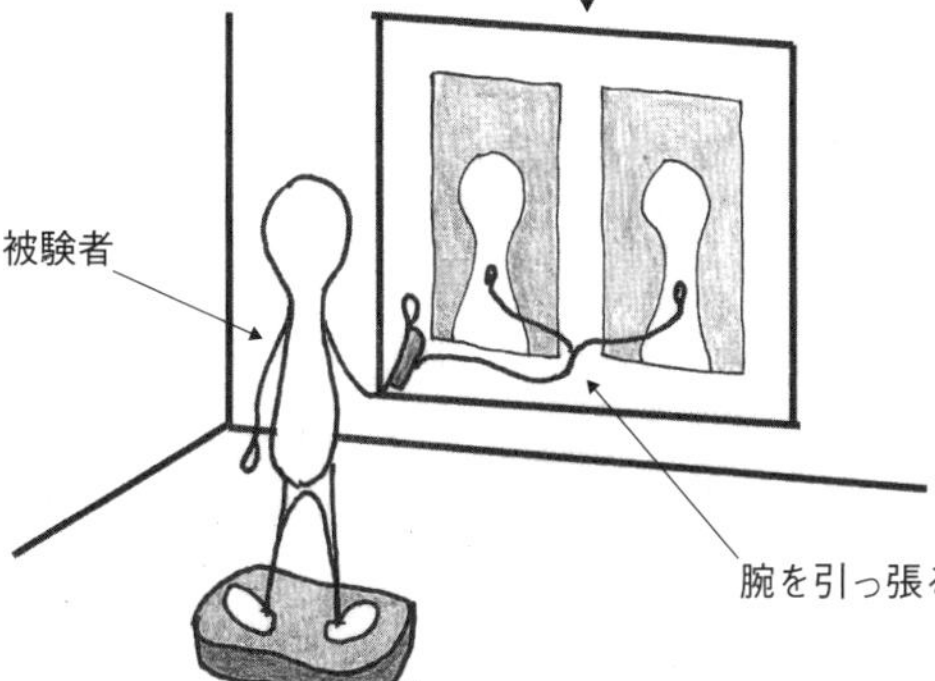

規則的に揺れる。この状態だと体の重心が常に揺り動かされていることになるので、自分の意図でどちらかに体を傾けるのは難しい。それでも「偏り」が見えたとなると、その偏りは私たちの意図したものではない。

ある実験では二枚の画像を見てもらった。「どちらが好きですか？」とは聞かない。ただ見てもらうだけである。被験者には重心計の上に立ってもらう（図2）。重心計の記録には、腕を引っ張られたことによる規則的な揺れがあらわれる。この規則的な揺れの上にわずかに「興味による偏り」が加わっている。その信号を抽出するのである。(6)

このテクニックはこれから進歩していくだろう。視覚に頼らないものにも使えるので、目を調べる方法よりも応用範囲が広い。

脳波

脳波というのは、たくさんの神経細胞から出ている電気信号の総和を記録したものである。特殊な目的でないかぎり、脳波は頭の皮膚の上につけた電極から記録する。電極のつけ方には国際的な標準がある。ただし脳のあまり深いところの神経活動はわからない。

普通に「脳波」というと、こんなふうにぐじぐじした波である（図3）。周波数によって速い波から遅い波までギリシャ語の名前がついていて、脳の覚醒度がわかる。医学的な診断に使われることはご承知の通りである。

脳波は短い時間、それこそ瞬時の変化もとらえられる（時間解像度が高い）。ただし、脳のどこから信号が出ているのかを突き止めるのは難しい（空間解像度が高くない）。しかし、それが次第に改良されて、今では信号の発生源が推定できるようになった。

脳波の測定は一九七〇年代からマーケティングに使われている。

脳波を調べると、私たちの気分がある程度はわかるらしい。

たとえば、楽しいときには左の前頭葉（アタマの前の方）からα波という八ヘルツから十

図３：ヒトの脳波（閉眼安静時のα波）

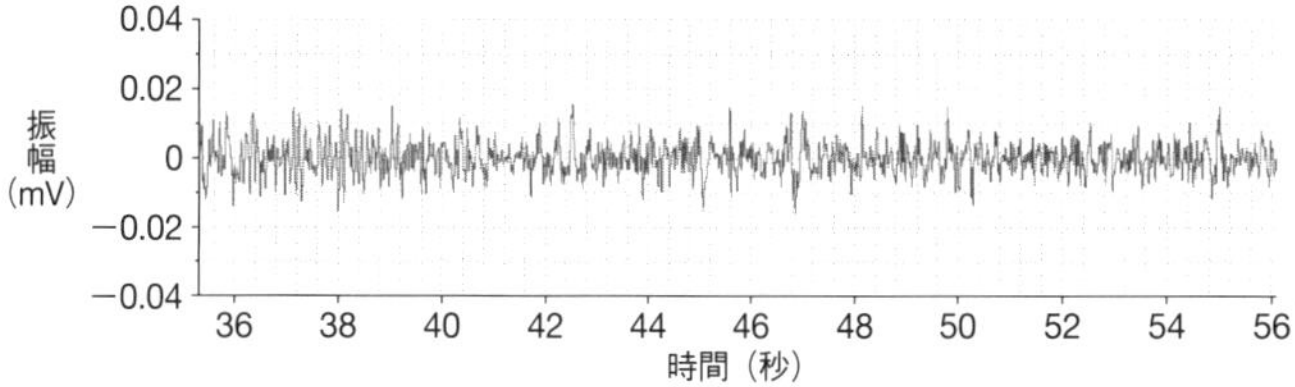

佛教大学 高橋伸彰先生提供

三ヘルツの波が出ているという。(7)

この頃は自然の波ではなく、「事象関連電位」というものを使うことも多い。

事象関連電位とは、音を聞いたり光を見たりしたときの脳波の変化である。

たとえば、低い音がボツボツと鳴っているときに、ときどき「ピッ」と高い音を混ぜる。そうすると、高い音を聞いたときにわずかに脳波が変化する。この変化はとても小さいので、ナマの記録を見ても「ここで変化している」とは見てとれない。しかし、何回も脳波を足し算すると、不規則な揺れは相殺されて見えなくなり、珍しい音で誘発される脳波の変化が浮き上がって見えてくる。興味のあるものを見ているときにはこの変化が小さくなる。(8) なぜなら見ているものの方に主な注意が振り向けられ、音に対する注意度が低くなるからだ。

こういう使い方がある一方で、脳波の解析方法も進歩した。

「グラフ理論」という方法を応用すると、脳のいろいろな場所のつながりが見えてくる。これを使ってテレビコマーシャルの効果を調べた研究によると、よく覚えているコマーシャルを見たときには、忘れてしまうものに比べてアタマの前の方（前頭葉）やてっぺん（頭頂葉）がよく活動し、頭頂葉に向けて全脳から神経の信号が「なだれこんでいた」という。(9)

脳機能の画像解析

だが、何と言ってもニューロマーケティングがここまで有名になった理由は、脳の画像解析の実用化である。

正式な名前は「機能的磁気共鳴画像法」という。英語の頭文字をとってｆＭＲＩと言われる。脳科学を解説したテレビ番組などで「脳のここが活動している」と、脳の中に黄色や赤のスポットがあるのを見た人は多いだろう。

これはどういう方法なのだろうか？

ｆＭＲＩを説明する前に、そもそもＭＲＩとは何なのかを説明しよう。

（ＭＲＩ）

「ＭＲＩ検査」というのは、最近ではクリニックでもやるところがあるから、名前を知っている人は多いと思う。

それはざっと言うと体の中にある水素原子の分布を調べる方法である。水素原子は脂肪組織に多く、骨のような硬い組織には少ない。そしてこの水素原子は磁場の中ではコマのように首を振りながらくるくる回っている。

ここに強烈な磁力パルス（特定の周波数を持つ電磁波）を与えると、水素原子たちは同じ方向へ一斉にバタッと倒れる（「位相が揃う」という）。パルスが切れるとそろそろと起き上がる。このとき位相の揃った首振り運動が信号としてあらわれる。その信号は原子が起き上がって位相が乱れるにつれて消えていく。

位相の揃ったときの首振り運動の大きさ、すなわち信号の大きさが水分すなわち水素原子の含量によって違うのである。これを画像化したのがＭＲＩ画像である。

コンピュータで処理した画像を見ると、水素原子の分布の細かな違いがくっきりと浮かび上がっているので、まるで解剖図のように正確である。細かい構造までよくわかる。つまりＭＲＩは空間解像度が高い。その一方で時間解像度は高くない。

（ｆＭＲＩ）

それでは、脳の働き（機能）がわかるｆＭＲＩとはどんなものだろう（図４）。

図４：fMRIの実験装置

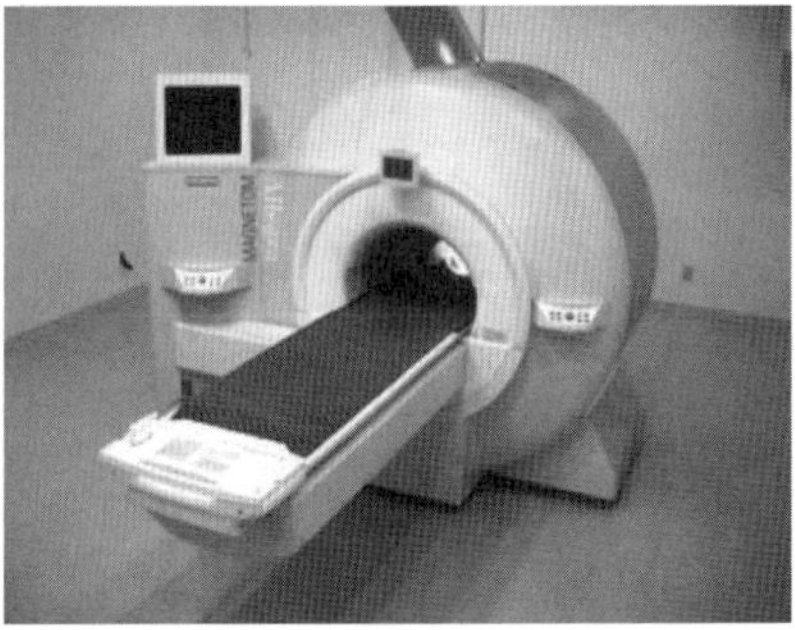

バイオビュー

ｆＭＲＩで見ているのは、実は血液に含まれている微妙な水素原子の振る舞いである。つまり、神経の活動そのものではなく血流の変化をとらえている。

血液は体のすみずみまで酸素を運ぶ。そのときには鮮やかな赤色をしている（実際に酸素を運んでいるのはヘモグロビンというタンパク質で、酸化型ヘモグロビンという）。目的地に酸素を送りとどけると、こんどは少し黒ずんだ色になる。

脳のある場所で神経細胞が盛んに活動すると、新鮮な血液がそこにたくさん運ばれる。そうすると水素原子が起き上がるときに見られる位相の揃った首振り運動がわずかに増えるのである。

このときにあらわれる信号をひろって可視化したのが、ｆＭＲＩである。

一方で、酸素を運び終えた後のヘモグロビン（還元型ヘモグロビンという）は磁場を攪乱する。そのため位相の乱れが促進され、ＭＲＩ信号は低下する。

こうやって、脳の中のある場所の血流が増えたかどうかを測定するのがｆＭＲＩである。ｆＭＲＩの原理を完成させたのは、日本の研究者・小川誠二博士である。ノーベル賞級の仕事だと私は思う。

しかし、ｆＭＲＩの生データというのは、見ても何のことかわからない。ｆＭＲＩを実施するときには、まずＭＲＩの画像を撮って（構造画像という）、それに酸化型ヘモグロビンと還元型へモグロビンの分布を可視化した画像（機能画像という）を重ね合わせるのである。また、時間解像度が高くないので、心の働きと関連のある活動をとらえようと思えば特別な工夫が必要である。

一般向けの雑誌やテレビの画像には、実はかなり人工的な解析の手が加わっている。

たとえば、「何かが好きになるときの脳の活動が知りたい」としよう。

そのときには、好きなものと、そうでないものと二種類の写真を交互に何回も見てもらい、前者の信号の強さから後者の信号の強さを引き算する。引き算して統計学的な検定を行い、有意な差があったところに着色するのである。

こういう具合なので、動物実験で実際に神経の活動を確かめるのとは違って、やや間接的な結果と考えるべきである。ただ、技術というのは何でもそうだが、使われれば使われるほど進歩する。解析方法も巧妙になったし、時間解像度を改良する努力も続いている。

（ＮＩＲＳその他）

同じように血流の変化をとらえて神経活動を知るテクニックとして、「近赤外線分光法（ＮＩＲＳ）」というものがある。

これは赤外線の発光部と受光部をペンのような形にまとめた「プローブ」と呼ばれる道具を何本も頭皮の上から当てて、ｆＭＲＩと同じように血液の中の酸素が多いか少ないかを調べる方法である。何と言ってもｆＭＲＩに比べて格段に値段が安いし、被験者が動いても大丈夫という大きな利点がある。ｆＭＲＩはアタマが動いたらダメで、しっかり固定する必要がある。しかもペースメーカーをつけていたり、金歯を入れていたりすると計測できない。さらに、磁場をかけるときに「カンカン」といった大きな音がするので、被験者にはそれなりに苦労がある。

ＮＩＲＳにはそういう問題がないから、店頭のような現場にも持って行ける。そのかわり空間解像度はあまり高くない。

昔はぐりぐりと力いっぱいプローブを当てたので、実験される方はだいぶ痛かったが、この頃ではキャップのようなものをかぶれば測定できるようになった。ただし、表面から光を当てるので、脳の深い場所の活動はわからない。また、日本発の技術であり、外国の研究例はまだあまり多くなく、これからの発展が課題である。

このほかに、脳内の化学物質の動きをとらえるＰＥＴ（ポジトロン断層法）という方法もあるが、放射線を扱う技術が必要なので、マーケティングの研究にはあまり使われない。

このようにいろいろな手立てがあり、絶えず改良が行われている。

だが最も大事なのは心理学的な実験である。

脳の計測は、費用さえあればどのようにでもできる。世界最先端の技術も身近にある。

しかし、「好み」や「欲求」、あるいは「判断」や「意思」というような「こころ」の働きをどうやって実験の場面に持って行くかが問題で、研究者の腕の見せ所である。ここがいい加減では、いかに脳の活動を精密に測定したところで成果は期待できない。

第3章　無意識が嗜好をつくる

脳と心

マーケッターとしては、脳のどこが反応した商品が「良い」のか、「売れる」のか、それを手っ取り早く知りたいところだろう。

ところがそれはそんなに簡単な話ではない。脳の中の「場所」（これからは部位ということにする）と「機能」が単純に対応しているわけではないからだ。

この章では「脳とは何か」を、あくまでも私の見解からではあるが、簡単に解説させていただく。

（脳とはどんなものか）

脳のある部位が特定の機能を担っているという考えを「局在論」という。

それに対して脳は全体として機能し、「わたし」を形作っていると考える立場を「全体論」という。

脳科学の研究は、ある程度は局在論的な考えを取らないと進まない。

しかし、ある部位は必ず別の部位と連絡を取り、それがまた別のたくさんの部位とも連絡を取り合って、大きなネットワークの中で働いている。だから全体論的な考えも正しい。

また、一個の神経細胞は一方向にしか情報を伝えないが、神経のネットワークというものには、往路があれば必ず復路がある。ある神経細胞が送った情報は必ずその先で加工を受け、別の経路をたどって送り手の方に返ってくる。送り手はその「返信」を受け取って自分の活動を変える。これを「レシプロカルな関係」という。

このようなわけで、神経回路の働きは常に変化している。これを神経活動の「可塑《かそ》性」という。可塑性を支えているのは神経細胞が分泌するさまざまな化学物質である。この化学物質はまた、神経細胞を取り巻く「グリア」という細胞との間も行き来し、脳の活動を調節している。

脳はときにコンピュータにたとえられるが、実のところ、その回路は電子回路のように固定したものではなく、時々刻々と姿を変えている。

こうしたネットワークの姿もだんだんと明らかになってきたから、これまでに発表された研究をまとめて、脳の機能的地図のようなものが作りたい、いや、ぜひ必要であるという夢を多くの研究者が持っている。(1)

だが、いまだに実現していない。それどころか、新しい研究が出るたびに新しい話が増え

図1：ヒトの脳断面

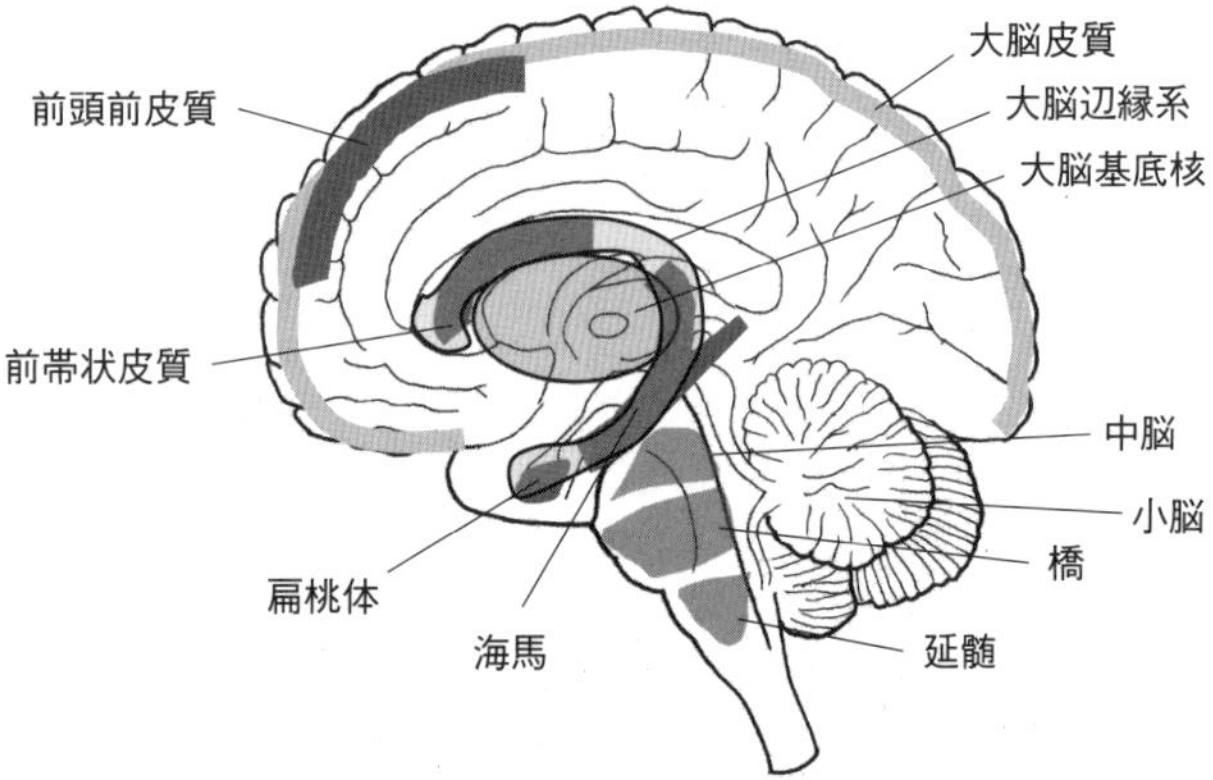

て、実を言うと混乱気味でさえある。

(脳の構造)

そういう現状をわかっていただいて、若干の予備知識を述べておきたい。

脳の断面を見るととても複雑だが(図1)、この中には脊椎動物の進化の歴史が刻まれている。ちなみにこの図には、これから本書で大事になる部位にカゲをつけておいた。ただし、ご注意いただきたいのは、この断面(正中断面という)にすべての構造体が見えるわけではないということ。正確に描こうと思うと三次元の立体図が必要になる。したがって、この図では解剖学的な正確さは犠牲にしている。

脊椎動物の背骨の中には太い神経の束(脊髄)

が走っている。

その神経の束の先端に、生体の行動をうまく調節するために、神経細胞の「かたまり」が作られた。その「かたまり」は進化の歴史の中で五つになった。それが脳の始まりである。

背骨に近い側から言うと、まず呼吸や心拍など、生命維持の基本になるリズム活動をコントロールする第一のかたまり、延髄がある。

その次に第二のかたまり、体の動きや姿勢の維持をコントロールする小脳がある。

またその上に、感覚と運動を大まかにつなげているかたまりがある。これが第三のかたまり、中脳である。視野の中に光が見えたら私たちは思わずその方に目を向けるが、こういう働きは中脳の仕事である。

延髄と中脳の間を「橋《きょう》」という。これは「かたまり」の中には入っていない。

その上に第四のかたまり、血圧やホルモンの調節など体内の環境を一定に保つ間脳がある。

最後に終脳と呼ばれる五番目のかたまりがある。ここは本来、嗅覚に関係があった。終脳がふくれあがったものが大脳である。

人間では大脳が巨大にふくれあがったために、それ以下の部分は小さくまとめられて、あまり目立たない。しかし、こうした下部構造が生命を支えている。

すなわち脳はまずもって生きるための器官である。人間の感情も思考もどこかで必ず「生きる営み」につながっている。

大脳は下から順に大きく三つに分かれる。

一番下を大脳基底核といい、主な役割は運動のコントロールである。

その上に大脳辺縁系と呼ばれる部分がある。図1に海馬、扁桃体、前帯状皮質と書いたところがその代表である。

大脳辺縁系は記憶や感情との関係が深い。

霊長類になってからとくに発達したのが大脳皮質（新皮質）である。

大脳新皮質が私たちの知性の源泉である。

報酬系と警告系

動物の進化を生む原動力になったのが「接近」と「回避」のシステムである。

動物は水中から地上へ、地上から樹上へ、樹上から草原へと生息圏を拡大した。そこで大事な役割を果たしたのが、食べ物や安心して眠れる場所、繁殖の相手などに接近し、それを手に入れる仕組みだ。

その仕組みの基本は中脳から大脳辺縁系に向けて走っている神経にある。ネズミ（ラット）のこの神経や、その周辺を弱い電気で刺激すると、餌や水と同じように、行動に対する報酬として作用する。すなわち、電気の刺激を求めるような行動が見られる。そこでこの神経を含むシステムを「報酬系」と呼ぶようになった。

報酬系は「好き」や「欲しい」という気持ちとの関係が深いシステムの代表であり、本書の主役でもある。

私たちが自分の好きな音楽を聴くと、鳥肌が立つほど「良い」と思うことがある。そのときには報酬系の一部が活動している。(2) また、ヘテロセクシャルの男性が異性のエロティックな絵を見たときにも報酬系が反応する。(3)

一方、生息圏を拡大するためには警戒心も必要である。危ないところに平気で近づくようでは命を落とす。

脳には「警告系」とでも呼べるシステムがあって、危険から身を遠ざける役割を果たしている。

「警告系」の中心を「扁桃体」と呼ぶ。扁桃というのはアーモンドのことで、人間のこの構造体の形がアーモンドの実に似ていることにちなんで名付けられた。

扁桃体はいくつかの神経細胞のかたまり（核）である。

一九三〇年代にサルの扁桃体を人工的に壊す実験が行われた。そのときサルは警戒心をなくし、群れの中での地位が下がり、目にしたものを何でも口に持っていくようになったという。

人間の場合、「不愉快な絵」を見ているときに扁桃体が活動する。[4] 他人が「ああ、おそろしい」という表情をしているかどうかを判断するのも扁桃体である。ちなみに、政治的に「保守」の人は「リベラル」な人よりも扁桃体が大きいという。[5] そういう人々は「地位」や「脅威」に敏感で、こうしたものに素早く定型的な反応をするのだろうと考えられている。これもまた人類の生存には必要な性質だったのだろう。

無意識が嗜好をつくる

モノを手に取って買うという行動を考えたとき、脳の中でどんな情報処理が行われているかを整理してみると、こんなふうになる[6]（図2）。

図2：商品を手に取るまで（文献3-6より作成）

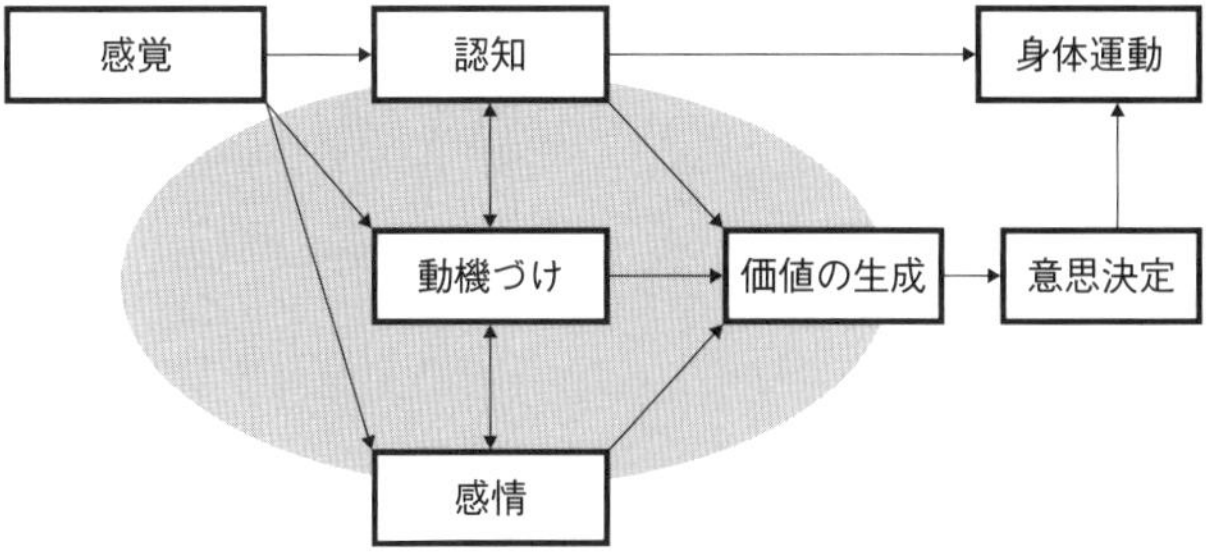

まず、何かが見えた、聞こえた、あるいは匂いを感じたという「感覚」がある。

次に、その感覚に意味づけ（認知）が行われる。

意味づけられた情報は、そのときの気分や状況などによって、そのモノがどのくらい「欲しい」かという「動機づけ」につながる。

また、そのモノがどの程度好きか嫌いかという「感情的な評価」も行われる。

認知と感情と動機づけが統合されて、モノの価値が判断される。

一定のレベル以上の価値があると見込まれたら、「買おう」という意思が生まれる。

最終的に、実際にそのモノを手に取ってみようという「運動指令」が発せられる。

ここで、図にカゲをつけた部分がある。ここは私たちが無意識に行っている活動である。もちろん、「ああ、楽しい」というように声に出せば無意識ではなくなる。だが、その言葉が出る前に脳の中で何かが起こっているはずで、そのプロセスは意識にはのぼらない。

無意識の活動と言うとフロイトの精神分析を思い出す人も多いだろう。

フロイトは無意識の世界に私たちの欲望の源泉があると考えた。それを「わたし」の意識や道徳が抑圧している。そのせめぎあいが深刻になってくると、さまざまな心の病気が起こる。

この基本的なアイデアは脳の構造とマッチしている。脳の深い部分に生命維持のメカニズムがあり、そこから食欲、性欲、攻撃欲などのさまざまな欲望が生まれる。しかしそれを常に全開にして生きるわけにはいかないから、遅れて発達してきた大脳皮質が欲望を抑制し、時と場所にマッチした行動ができるように調整する。

実際、脳科学の発展によって、フロイトの構想のある部分は復活してきた。「神経精神分析学」という学問も生まれた。

感情や意思の由来ということを考えたら、フロイトが主張したように、私たちの個人史に

図３：閾下感情プライミング

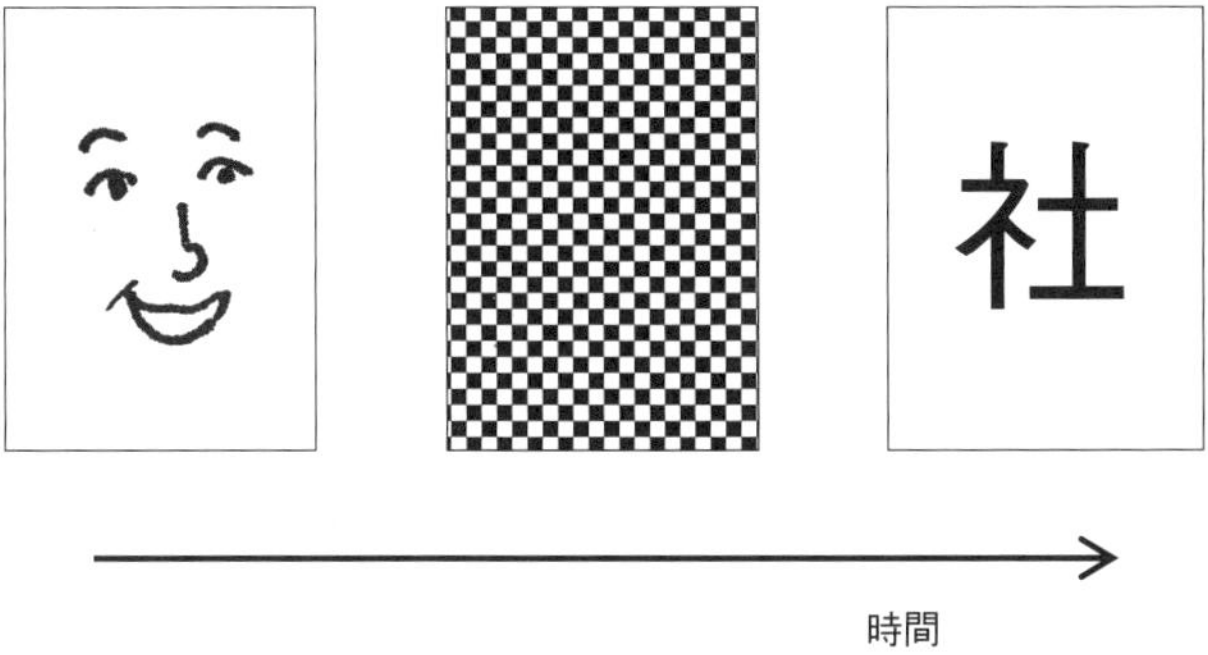

まで立ち入らなければいけないだろうが、これからの話に出てくる「意識にのぼらない感情や意欲」はもっと科学的な意味で、実験で確認することができるものである。

たとえば、図３のように、やや微笑んだ顔をほんのわずかな時間だけ見せる。たかだか０・０１秒程度である。そしてこの顔をすぐにチェッカー模様で隠し、右のような漢字を見せる。

こんなに短い時間では顔を見たという記憶は残らない。だから被験者は微笑んだ顔を見たことに気づいていない。漢字が見えたと思うだけである。

ところが、その後でこの漢字がどのくらい「好き」かを尋ねると（被験者はアメリカ人で漢字は知らなかった）、瞬間的に笑顔を提示した後には漢字の好感度が上がった。その一方で、しかめっ面を短時間提示したときには好感度が下がった。[7]

「見えていない」はずのものが脳の感情評価システムに影響を与える。何か手品のような話だが、同じような結果が多くの実験で確認されている。今では、見たという自覚のないものが感情に影響を与えること、しかもその効果は、はっきり見えたものの効果よりも長く続くことがわかっている。これを「閾下感情プライミング」という。

二人の人の顔を見せて「どちらが好きですか?」と聞いたときに、「こちら」と判断する前から視線がその方に寄って行くことは前に述べた。

そのときの脳の活動を調べてみると、報酬系の一部、側坐核《そくざかく》という部位の活動が見られた。「これから好きになる顔」を見たときには、まず報酬系が活動する。[8] 順番として、「好き」だから報酬系が活動するのではなく、先に報酬系が活動し、その後で「好き」という気持ちが生まれる。

こういうことがわかってくると、脳の働きについての古典的な考え方の見直しが必要になる。「古典的」とは、脳のどこかに「わたし」の中核があって、その中核の活動がトップダウンで「こころ」の活動のすべてを制御しているという解釈である。しかし今日、その想定はだいぶ崩れてきた。

「わたし」は〝中央集権的な独裁者〟ではなく、さまざまな神経活動をやんわりととりまとめている調整役のようなものかもしれない。意識にのぼる「わたし」は、好みや意思を決めるときの主導権を握ってはいない可能性があるのだ。

「理論編」はここまでで、次章からは実験で明らかになった人の「こころ」を読むための７つの法則を紹介していこう。

第4章

法則その1〜「珍しさ」と「懐かしさ」のバランスを取る

コーラ・ウォーズ

「好きになってもらえるモノを作りたい」

まず、誰もがそう考える。

しかし、「好き」という気持ちをあらためて考えると難しい。

というのも、「好き」と「嫌い」は最も基本的な感情だからである。生まれたばかりの乳児にもこの気持ちはある。こんな基本的な感情はこれ以上簡単な要素には分解できないと思われてきた。

だが、最近の研究が示すところはそうではない。「好き」はさらに二つの構成要素に分解できる。商品開発やマーケティングのポイントもそこにある。

ご存じの通り、コカ・コーラとペプシコーラは激しい競争を繰り広げてきた。

だからニューロマーケティングの初期の素材にもなった。

アメリカではコカ・コーラが清涼飲料水業界第一位、ペプシはそれを追いかける立場にある。

その宣伝合戦がシビアになったのは一九七〇年代、ペプシコーラが「ペプシ・チャレンジ」と称する宣伝攻勢をかけてからである。

街角で人を呼び止めて、ブランド名を隠したコーラを飲んでもらう。「どちらが好きですか?」と尋ね、「こちら」と答えてもらう。「それは『ペプシ』でした」と種明かしをするのが「ペプシ・チャレンジ」のキャンペーンだった。

「やらせ」ではないかという話もあったが、そうではなかった。ただし、このときは一口テイスティングしたときの第一印象を答えていたので、甘めのペプシに有利だったという説もある。

ともあれこういう話になっては、コカ・コーラが黙って放っておくはずがない。

コカ・コーラは一九七四年からおよそ四百万ドルをつぎこんで、コーラのレシピを一新した。これは社運をかけたプロジェクトで、「カンザス計画」と呼ばれた。

一九八五年、十年以上の歳月を費やし、満を持して生み出された新しいコーラ、「ニュー・コーク」が発売された。

だが、残念ながら「ニュー・コーク」は完全な失敗に終わった。顧客はこの新しい味についてこなかったのである。「ニュー・コーク」は約三ヵ月で市場から撤退を余儀なくされた。

現在私たちが飲んでいるのは、「コカ・コーラクラシック」と名付けられた「昔ながらの」コカ・コーラである。もちろん、マイナーな品質改良は行われていると思うが、コーラのレシピは両社とも秘伝で、詳しいことはわからない。

ひとたび定評を得た製品のモデルチェンジは難しい。

この章ではそこをまず心理学的に突っ込んでみよう。

コンセプト：「新しさ」vs「なじみ深さ」

私たちには「新しいものが好き」という心理と、「慣れ親しんだものが好き」という相反した心理がある。「好き」がさらに分解できるというのはこのことである。

コンセプトデザインでは、あるときは前者に訴え、あるときは後者に訴える。

そのバランスをうまく取った商品が成功する。

しかしこれはなかなか難しい話で、新しすぎると旧来の顧客がついてこない。そうかと言って、新しさが感じられないと、新しい顧客が開発できない。

その成功例のひとつと言えるのが、ヤマハ（日本楽器製造）の電子ピアノ「クラビノーバ」である。

一九七〇年代、ヤマハはある意味で苦境に陥っていた。

一九七〇年五月から十月におよそ九万五千台を生産していたピアノは次半期には九万台、翌年上半期には八万八千台と減産を強いられた。ピアノ市場は成熟してしまったのである。

そこに一九八〇年、カシオ計算機が「カシオトーン」というコンパクトな電子キーボードを登場させた。

カシオトーンは価格帯も低く、本格的な楽器とは言えなかった。しかし、持ち運びに便利で、手軽なわりには多彩な音色が出せて楽しめた。カシオトーンは「新しさ」をねらったのである。

これに対抗してヤマハも一九八〇年に「ポータトーン」を売り出した。しかし、カシオとは違い、ヤマハにはすでにピアノもエレクトーンもある。ポータトーンが売れれば売れるほど自社製品を食ってしまうという、苦しいことになった。

そこで生まれたのが「ピアノでもエレクトーンでもない」第三の鍵盤楽器、クラビノーバである。実はこれにはローランドの先行商品があった。しかしローランドの商品はステージでプロが使う専門家仕様のものだった。ヤマハはローランドとは違う客層、つまり一般客をターゲットに据えた。

クラビノーバは将来ピアノに移行するかも知れない購買層を想定して、電子キーボードよりは高めに、しかしアコースティックピアノよりは低めに価格設定された(1)。ラテン語の「クラビーア」(鍵盤楽器)と「ノーバ」(新しい)を組み合わせた商品名にもチャレンジ精神がうかがえる。

そのデザインを見ると、私たちの慣れ親しんだピアノそのものである。ポータブルなキーボードよりも楽器らしい。だから楽器を弾く人には親しみがある。しかし、本物のピアノよりはずっと背丈が低い。団地の一室にもすっぽり収まる。見た目ではそこに珍しさがある。

実際に触れてみると驚く。

本物のピアノと同じようにタッチの強さに応じて音量が変わる。ペダルもある。これは廉価なポータブルキーボードにはない「楽器らしさ」である。そのうえ、音量ツマミなどを使うと全体的な音量が自由に変えられる。夜に弾くことなどを考えるととても便利だ。しかもチェンバロ的な音を出したりパイプオルガン的な音を出したりして遊べる。こういうところは新しい。古さと新しさが絶妙にブレンドされている。

当初はＦＭ音源だったクラビノーバは一九八六年からサンプリング音源に変わる。さらにバネ仕掛けだった鍵盤が一九九六年にはピアノと同じ機構のグレードハンマー方式に変わる。今ではホールにクラビノーバの新モデルとベーゼンドルファーのコンサートグランドピアノを並べて置き、開発者全員が音色に耳を傾けて「本物らしさ」を追求しているという。

クラビノーバは珍しさを脱し、技術の進歩に伴って「これがピアノだ」という「懐かしさ」に回帰しつつあるようだ。(2)

新奇性と親近性

新しいものが好きな心理を「新奇性」を好む傾向、慣れ親しんだものが好きな心理を「親近性」を好む傾向と呼ぼう。

繰り返しになるが私たちにはどちらの心理もある。

そのバランスを上手に取るにはどうしたら良いのだろう？

心理学的な実験結果にもとづいて考えると、「典型性を損なわない範囲で新奇性を最大にするのが良い」と言える。(3)

「典型性」とは何か？　それは私たちがたとえば「ピアノ」や「電話」といったモノに対して持っているイメージ、「それらしさ」のことである。典型性は親近性と似ているが、原理から言うと違う。親近性は典型的でないものにも作り出すことができる。何回でも見せれば良いわけだ。しかし、商品開発の場合、そもそも新商品を何回も見せることはできない。だから、典型性とはこれまでに私たちが慣れ親しんだ親近性に近いと考えても良いだろう。

そうすると、ベーシックデザインには「親近性」を残し、その中でできる限り「新奇性」を出すというのが最上の策ということになる。

そのことを調べた実験がある。その実験ではいろいろな写真を使って新奇性と親近性（典型性）が好みに与える影響を調べた。

たとえば、左図はその実験に使われた「電話」のイラスト（実験では写真）である（図1）。パッと見、「なるほど電話だ」と思えるものもある。そういうものは典型性が高い。そうかと思えば、「これが電話か」とびっくりするようなものもある。そういうものの典型性

図１：新奇性と親近性（文献 4-3 より作成）

は低い。

その結果はさきほど書いた通り、典型性が損なわれてしまうほどデフォルメされたものに対しては、私たちは好感を持たない。しかし、典型性が担保されていれば、なるべく「びっくりするほど珍しい」ものの方が良いと思う。

その後の研究によると、私たちの心理はもう少し複雑なようである。見るもののカテゴリーによって、新奇なものが好きな場合と慣れ親しんだものが好きな場合とがある。

この実験は、二枚の写真を並べてどちらが好きかを尋ねるというシンプルなものだ。

それを何回も繰り返すのだが、そのうちの一枚は毎度新しいものに取り換える。もう一枚はずっと同じものを使う。もちろん、左右の位置は毎回ランダムに入れ替える。

こうすると、顔写真を使った場合は同じ顔、つまり親近性のある方が好きになっていった。一方、風景写真を使うと、毎回取り換える方、つまり新奇性のある方が好きになっていった。(4) ただし、毎回好き嫌いの判断を求める場合はこうなるが、それをせず、何枚かの写真を次々に眺めてもらい、それが終わった後で一回だけ判断を求める場合には風景の新奇性効果は見られない。

この実験には人間の進化を考えるうえで、深い意味があるだろう。つまり、私たちの祖先は少人数で集団を作っていて、そのメンバーはわりと固定していた。親近性のある人の方が好ましいからである。その一方で、いろいろな場所を探検して生息圏を拡げた。珍しい景色に惹かれるからである。何でもない「好き嫌い」の実験のように思えるが、人間の来歴をうかがわせる深い話だ。

この実験結果から私が考えたのは、深い話でなくて恐縮だが、旅行のことだった。顔は親近性、風景は新奇性というこの実験結果から考えると、最も楽しい旅行は、親しい人と珍しい場所に行く旅行ということになる。

反対に、最もつまらない旅行とは、それほど親しくない人とありふれた場所に行く旅行である。この頃社員旅行というものがあまり好まれないが、ひとつにはこんな理由もあるのかもしれない。

この話から一歩マーケティングに踏み込むと、販促に登場してもらうキャラクターはころころ変えない方が良く、バックグラウンドは毎回新しくした方が良いということになる。

新奇性を好む脳、親近性を好む脳

理屈から言えば、新奇性と親近性がちょうど良いバランスで混じりあったときに、「好き」な気持ちが頂点に達するポイントがある。そのときに脳のどこかで強い反応が見られるはずである。

しかしながら現在のところ、「ここだ」という部位は見つかっていない。

これまでの研究結果をまとめると、どうやら、新奇性を検出する神経回路と親近性を検出する神経回路とは別らしい。

両方が重なりあうのはアタマの前の方（前頭葉）と、てっぺんの方（頭頂葉）が作っている「前頭－頭頂ネットワーク」という神経回路である。(5)

このネットワークには他のさまざまな神経ネットワークをつなぐ役目がある。目的に応じて注意を柔軟に切り替えるとか、新しいことを学ぶために他のネットワークに信号を送るというような働きをしている。

しかし、そのネットワークが「好み」とどんなふうに関係しているかはまだわかっていない。


そこで、新奇性と親近性をひとまず分けて考えてみると、新奇性を好む傾向は、おそらく脳の中のドーパミンという化学物質の働きに関係がある。

ドーパミンは脳の中に微量しか含まれていないが、それが局在している場所は先に述べた報酬系とおおむね一致する。


ここでひとつ動物実験の話をする。

「マーケティングの話なのになぜ動物？」と思われるかもしれない。

しかし、神経科学には動物実験は欠かせない研究法で、脳の働きに関する仮説を検証する決め手は動物実験なのである。私たちも動物なので、「こころ」の基本はどこか人間以外の動物と共通するはずだ。もちろん、人間の都合で動物を実験台にして良いかという問題はある。これは今日、非常に厳しく問われるようになってきていて、動物実験は全体としては縮小傾向にある。今日の動物実験は各種の法令やガイドラインを守り、実験後のケアも含めて

図２：新奇物体再認試験

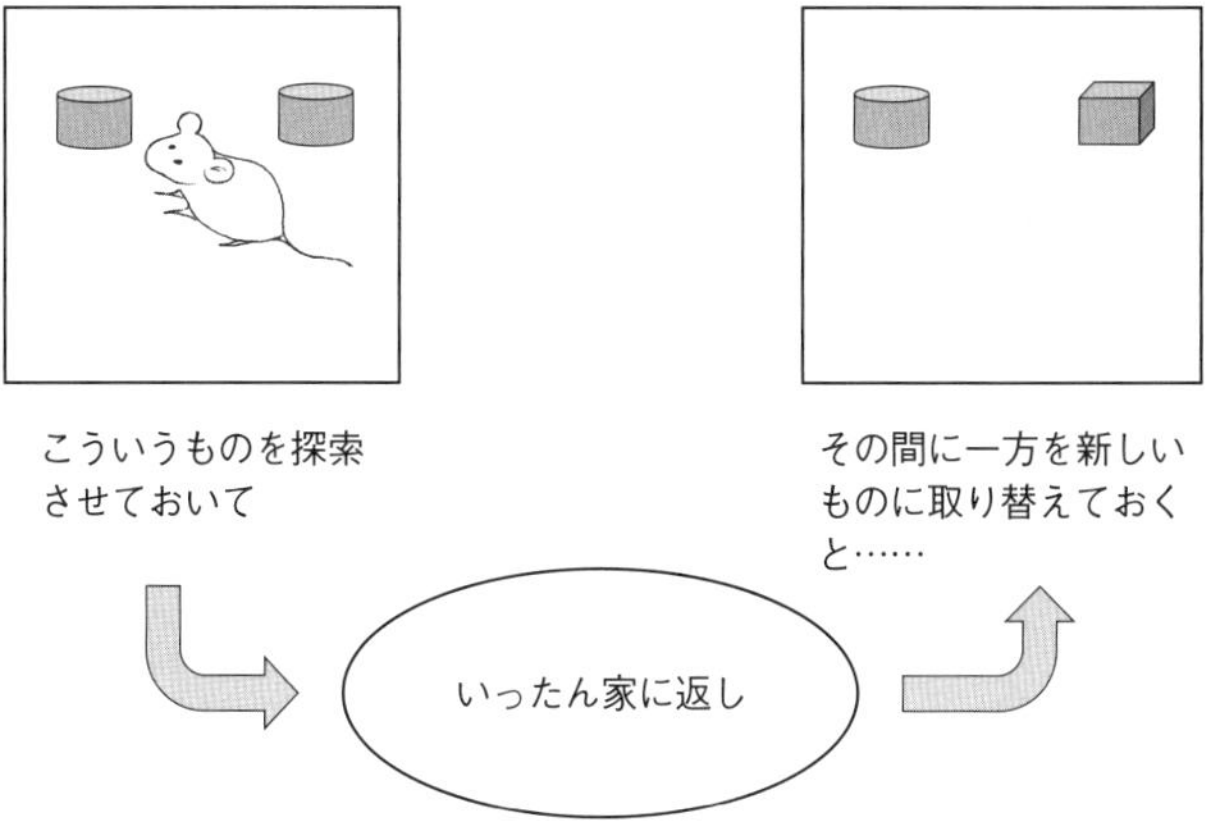
こういうものを探索
させておいて
いったん家に返し
その間に一方を新しい
ものに取り替えておく
と……

十分な倫理的配慮をして実施される。

それをわかっていただいたうえで動物の話をすると、マウスやラットといった動物（げっ歯類）は、珍しいものが「好き」である。部屋の中に新しい玩具を入れておくと、ヒゲでさわったり、匂いを嗅いだり、とにかく少しもじっとしていない。それを「好きだから」と説明するのは、動物の場合にはいかがなものかと思うが、いかにも「新しもの好き」のように見える行動ではある。

そこで、ある二つの物体を十分探索させて、いったん部屋の中から動物を出し、その間に一方を新しいものに取り換えておく（図２）。そうすると、再びこの部屋に入れたときには新しいものの方を盛んに探索する。慣れ親しんだ方は「どうでもいい」という感じである。

このときドーパミンの働きを止める薬剤を注射すると、新しいものに対する探索傾向が消える。[6] この結果は、「これは前にあった」という記憶がなくなったのではないかというふうにも解釈できる。しかしこの薬剤には記憶障害を起こす作用はないことがわかっている。

人間の場合も新奇性を好む傾向とドーパミンの働きの間に関係がある。ドーパミンを受け止めるタンパク質（受容体）の遺伝子には個人差があり、好奇心が旺盛な人はドーパミンを強く結合させるタイプの遺伝子を持っている。こういう人は冒険やスリルが好きだという。それが行きすぎると危険な行動に魅せられることにもなるが、[7] 人類が生息圏を拡げ、多様な食性を獲得するには役立つ性質だったのだろう。

一方、親近性を好む心理の背景はどうだろうか？

耳に慣れ親しんだ音楽を聴いてもらった実験によると、そのときには記憶に関係が深い大脳辺縁系と報酬系が同時に反応していた。[8]

ここで「記憶プラス報酬」ということで思いつくのが「懐かしさ」である。

「懐かしさ」は特殊な親近性、すなわち自分自身の個人的な記憶に関係のある親近性である。誰にとっても「懐かしい」と思うものはある。たとえば、小学生のときに使っていた鉛筆ケース（私たちはこれを古めかしくも「筆入れ」と呼んでいた）や給食、学校の掲示物などだ。ふるさとの景色も懐かしい。

こういうモノと、それらによく似てはいるが、特段に懐かしくはないモノとを見てもらって脳の反応を比べると、「懐かしい」ときには、海馬（記憶に関係がある）、腹側被蓋野（報酬系神経の起点）、および腹側線条体（報酬系神経の終点）に反応が見られた。(9)

「懐かしさ」は「時間的に遠い過去である」という記憶と、「個人的に大事なことである」という思いが混じった特殊な感情で、メンタルヘルスにも重要である。懐かしさは自尊感情を高め、孤独感や抑うつ感を弱める。

「懐かしさ」はマーケティングにも応用されている。「ノスタルジーマーケティング」という言葉がある。懐かしさに訴えると売れるのだ。そう言えばこの頃、「あの頃見たドラマの続きだ」と思われるようなコマーシャルをテレビで見る。あれを見ると何となく自分の過去が思い出されて甘いような、切ないような気持ちになる。

ノスタルジーマーケティングはとくに三十代から五十代の男性に有効である。「あの頃」と「今」の間に時間的な途切れのあることが大事だという。そうすると「あの頃」の思い出

がよみがえり、商品に対する好感度が上がり、購買意欲も高まる。(10)

新奇性と親近性はどのように現場で意識されているか？

さて、私はこういうふうに考えたわけだが、私の話は主に研究論文や実験報告から組み立てたものだ。この話が現場の人の心に響くかどうかはわからない。

そこで実際に二人の方の協力を得て、私の話に対する感想を聞いた。

先に書いたように、一人はメーカーで幼児向けの人形を開発している方、もう一人はテレビ番組の企画を本業とするプロデューサーである。なお、以下の会話では私をH、相手をG（ゲストの意味）と表している。

まず玩具の場合。

G「子供は新しいもの、珍しいものは『好き』『欲しい』とすぐ言います。一方、親は幼い子供に与えるものに対して安心感を求める傾向があるので、商品化の際は『子供が欲しがり親が抵抗なく買うもの』をと気をつけています」

H「子供にとっては新奇でも、親にはどこか親近性を感じるものを作る必要があるわけですね。なかなか難しそうです」
G「以前、髪の毛がピンク色の奇抜な人形を企画したことがあります。事前調査で子供には大人気でしたが、発売すると大失敗でした。後から確認したところ、親は奇抜すぎて子供に与えたくないと感じていることがわかりました」
H「それは貴重な例ですね。子供は新奇性を好んだが、親は親近性を好んだというわけです。子供向けの商品では親と子のどちらに重点的なマーケティングリサーチをかけるかという問題もあります。今のお話では実際に購入を決める人たち、つまり御社にとっての購買層はやはり親の世代ということになるのですね。ただし、親も自分が安心する範囲で新奇性を求めていることはあると思います。それと、子供が新奇性を求めるのは、親のような保護者に守られている範囲であることがわかっています。事前調査をされるときに、どういうシチュエーションで調査されるのかも大事でしょう」
G「話は変わりますが、以前、四歳の女児に『懐かしいって何?』と聞かれたことがあるのです。懐かしさは何歳くらいから生まれる気持ちなのでしょうか?」
H「ある研究では四歳からあると言われているのですが[11]、この研究では四歳から十一歳までが『低年齢層』としてひとつのグループになっています。それより下では言語能力が未発達で検査できないのでしょう。四歳児がこの言葉に興味を持つのも不思議ではありません。この年齢層では『家族』や『場所』、『玩具』に対する懐かしさはあるらしいのです。しかし、『音楽』や『ヒーロー、ヒロイン』などへの懐かしさは感じていないようです。子供を対象にした商品の場合は、こういう基礎研究も眺めながら開発や販促の戦略を考えると良いかもしれません」

テレビのプロデューサーはこのように語る。

G「テレビ番組、とくに歌番組では、新しいものと古いもののバランスを取ることは非常に大事です」

H「具体的にはどのようにバランスを取るのですか?」

G「我々がよくやる手は、意図的に古い歌を混ぜることです」

H「たとえばどのようなものでしょうか?」

G「どんな歌が古いかは人によって異なるでしょうから、あくまでひとつの例ということで理解していただくと、たとえば山口百恵さんや、こまどり姉妹さんなどの歌です。こういう歌は最近のものに混ぜて放送するとたいへん人気があります」

H「山口百恵とこまどり姉妹では年代が違うのではないでしょうか?」

G「そのあたりは視聴者の年代を考えて工夫するのです」

H「ときには年配の視聴者のことを考えるということですか?」

G「それだけではありません。若い視聴者にとっては、こういう古い歌はかえって珍しく、新鮮なのです。若い人が喜ぶという側面もあります」

H「なるほど。ある世代にとっては親近性があるが、別の世代にとっては新奇性があるということですね。これは面白い現象です。で、具体的にはどのタイミングで古い歌を出すのかを、どうやって決めるのでしょうか?」

G「それは重大な企業秘密です（笑）。実際にタイミングを決める作業はたいへん難しい。過去の番組のリアルタイムの視聴率反応グラフなどを見て、ディレクターが経験で決めていきます」

H「テレビ番組の構成は時々刻々と変わりますからね。おそらくそのタイミングには、後の章でお話しする『強化スケジュール』（心理学用語。詳しくは後述）などがからんでいるように思います。興味深いお話でした」

一九七六年、自宅ガレージからスタートした小さなコンピュータ会社が「アップル」と名乗ったのは、十分に新奇的なことだった。

しかし私たちは「アップル」という会社を知らなかったわけではない。それはビートルズの新譜をリリースしていたレコード会社だ。

当然、新しいコンピュータ会社はこのレコード会社の親近性を引き継いだ。アップルというレーベルは「若い世代が何か革新的なことをやる」という意味での典型性も獲得していた。レコードの方のアップルのマークは、葉っぱのついていない緑色のリンゴだった。ビートルズのLPで育った人は覚えているだろう。

コンピュータ会社の方は、それとは違うロゴを作らなければならなかった。

デザインを依頼されたのはロブ・ジャノフ。カリフォルニアの伝説的なマーケッター、レジス・マッケンナのもとで多くのハイテク産業のロゴデザインを担当していた。ジャノフは何を考えたのか？　それは最後の章で明かそう。

新奇性と親近性のバランスが大事だということは、開発現場やマーケッターは経験的によく知っているに違いない。

その次の問題は、どこを新しくしたら良いのか、また、なじみ深いものにとどめておけば良いのか、ということだ。これにはユーザーの心の動きをしっかり計算して、その裏を行くワザが必要になる。

そのキーワードは「意外性」だ。

第5章

法則その2～〝期待〟を裏切る

ヒットの決め手は「サプライズ」

二〇〇七年、ｉＰｈｏｎｅがはなばなしく登場した。

このときスティーブ・ジョブズは「今日は三つの画期的な製品を発表する」とプレゼンで切り出した。

「最初はワイドスクリーンでタッチ操作のｉＰｏｄ（携帯音楽プレーヤー）だ」

画面には橙色のｉＰｏｄのアイコンが出た。

アップルが音楽業界を変えた話は有名だったので、会場は沸いた。

「次は画期的な携帯電話だ」

画面には緑色のアイコンが出た。アップルが携帯電話を出すというウワサは盛り上がっていたので、会場はひとしお大きな歓声であふれた。

「それから全く新しいインターネットブラウザだ」

画面には水色のアイコンが出た。また会場は沸いた。アメリカ人はお祭り騒ぎが好きなのだ。

「ｉＰｏｄ、電話、ブラウザ……ｉＰｏｄ、電話、ブラウザ……」

ジョブズは呪文のように繰り返す。そのたびに画面のアイコンがくるくる回る。

聴衆は騒ぎ始めた。

「わかりましたか？」

「これらは三つの別々な製品ではないのです。一つのものです！」

ひときわ大きな歓声が起こった。

「これです」

ジョブズが画面で見せたのは、小さなボタンがゴテゴテと並び、見るからに不格好な灰白色の機械だった。

聴衆は大笑いだ。

「違います。冗談です」

こう言って取り出したのが、真っ黒いかまぼこ板のようなものだった。それがｉＰｈｏｎｅだ。

さて、このときの聴衆の心理を考えてみる。

すでにｉＰｏｄや携帯電話、ブラウザはよく知っているので、それらをアップルが出すということにはそれなりの期待がある。ジョブズはまずそれぞれの期待を盛り上げた。

だが、それは次に来る大きな期待の予告編、小さな期待だった。

ここにも仕掛けがあった。その日に集まった人々の中で、新式のｉＰｏｄに期待している人はあまり多くなかった。だから最初の期待は小さい。電話に期待している人は多かった。したがって二番目のインパクトは強い。インターネットブラウザはおまけのようなものだ。三番目は小さい。こういう山形のピークが作られていた。

いったん期待のレベルを下げるのは、次の盛り上げを大きくするためである。

三つのアイコンが思わせぶりにくるくる回る。ここで聴衆の期待は一気に高まった。

そして、「これです」と提示されたときの笑い。

聴衆の肩から力が抜けた。

ジョブズは聴衆の心理を考え、期待の山が波打ちながら大きくなるように、さらに、最後の大山を出す前に一度がくんと下げるように演出したのだった。

私たちはいつも「次にどんなことが起こるだろう」と思いながら暮らしている。

仕事帰りに飲む一杯のコーヒー、駅のスタンドで売っている週刊誌の見出し、今夜の食事に添えるヘルシーなスムージー、読みかけの本の続き、ハーブの香りのお風呂……。

こういったものがどれほどの心地よさや喜びを与えてくれるかを値踏みし、実際の出来事がそれよりも素晴らしいか、トントンか、つまらないかを評価する。日常生活は常にその値踏み、予測と評価の繰り返しである。

予測と評価がぴったり同じということはまずありえない話で、実際に手にしたものは必ず予測よりも良いか悪いかのどちらかである。

そこで大事なのが、ユーザーの予測よりも「良い」ものが出せるかどうかだ。

「素晴らしいものなら良い」とは限らない。ユーザーがそれを予測していたら負ける。反対に、かなり「しょうもない」ものでも、ユーザーがそこまで期待していなかったら勝てる。

「アネロ」はなぜ人気か?

二〇一七年のヒット商品に、「アネロ」の口金リュックがある（図1）。

口金リュックというと耳慣れないが、要はガマ口とリュックサックを結合させたようなもので、荷物を入れる部分がぱっくりと大きく開く。

年間三百二十万個売れたという。

図1：意外性がヒットした口金リュック（キャロットカンパニー）

ぱかっと口の開くリュック。

これは「ありそうで、なかった」ものだ。

「ガマ口」プラス「リュック」。

こういう飛躍のある結合では、一足す一が二にはならない。私たちの値踏みよりも上を行っているから、三にも四にもなる。

しかもそのデザインは洗練されている。女性が背負うにも抵抗がなく、おしゃれな感じだ。

この「中性的なデザイン」もまた期待を上回るものだった。

「アネロ」はイタリア語で「年輪」のこと。「変化を楽しみながら長く使って欲しい」という願いを込めたという。

口金リュック開発のきっかけは、「もともと口金リュックと同じ素材のデイパックを販売していたが、トレンドを受けて新しいリュックを開発することになって、口金を応用したら面白いかなと考えた」ことだそうだ。(1)

「その程度だったのか」と思うくらい地味に聞こえるが、「面白いかな」というところに意外性をねらう心がうかがえる。

作っているのは大阪のバッグ会社、キャロットカンパニーだ。

なぜキャロットカンパニーというのか？　そこにも意外な遊び心がある。この会社のコンセプトは「人が参加することによって良い商品を作る」というものだ。その「人が参加」を「人参」にひっかけて「キャロット」という。面白さはどこかで遊び心に通じる。

アネロの「意外性」は外見だけではない。使ったことのある人ならわかると思うが、実際に使ってみると、本体内部の容積はかなり大きい。これがもうひとつの「びっくり」ポイントである。

ノートパソコンがすっぽり入って、なおかつ何泊分かの下着を入れる余裕が十分ある。ポケットもたくさんあり、傘を入れたり常備薬を入れたり、いろいろ使える。だから出張に便利なのだ。

そして本体が軽い。背負うだけでなく、手にぶら下げることもできるので満員電車に乗っても差支えない。

予測よりも良い方向へのズレ、すなわち「サプライズ」は、昨今の商品開発やマーケティングでは非常に大事なことと考えられている。

とくに、小さな企業が大企業に太刀打ちするには、大企業にはできないことをやらなくてはならない。

そのカギは小さな企業ならではの顧客に密着したサービスだ。

そういうサービスには「あなただけに提供します」という「オーダーメイド型」、思いもよらない体験を提供しますという「サプライズ型」、あなたと共に新しい価値を作っていきましょうという「コラボレート型」がある。[(2)] この中のオーダーメイド型とコラボレート型については後で触れる。

ここではサプライズについて考えてみたい。

サプライズとモチベーション

サプライズがなぜヒットにつながるかというと、サプライズが意欲（モチベーション）を高めるからである。

サプライズからモチベーションが生まれることを示した古典的な実験がある。

一九七〇年代に行われた実験で、舞台は幼稚園だ。

子供がお絵かきをしている。

「報酬を予告するグループ」にはこのように言う。

「お兄さんが絵を描くのを手伝ってちょうだい。上手に手伝ってくれたら大きな金色の星ときれいな赤いリボンのついたメダルをあげますよ。そのメダルにあなたのお名前を書いてあげましょう」

「予告しないグループ」には、ただ単に「お兄さんが絵を描くのを手伝ってくれる?」とだけ言っておく。この子たちは後で思いがけずメダルをもらえることになる。

比較対照のグループには何も言わず、メダルもあげない。

さて、そのお絵かきを手伝うのが終わり、子供たちは実験条件に従って星とリボンのついたメダルをもらったりもらわなかったりする。

その一週間から二週間後に、自由遊びの時間に自発的に絵を描くかどうかを観察してみる。

そうすると、一番熱心に絵を描いたのは、報酬を予告せずに突然メ

表１：「やる気」を最も起こすのは？

予告	報酬	やる気
なし	あり	高
あり	あり	↕
なし	なし	低

ダルをあげたグループだった。その次が何も予告せずに何もあげなかったグループ、一番熱心でなかったのが報酬を予告しておいて、予告通りにメダルをあげたグループであった[3]（表1）。

つまり、予告通りの報酬が手に入っても、あまりうれしくない。

「思いがけないプレゼント」がうれしい。そのうれしさがモチベーションを高める。モチベーションを高めるには「サプライズ」が効くのである。

図2：ネズミの「廊下」（筆者が実験に使っていたもの）

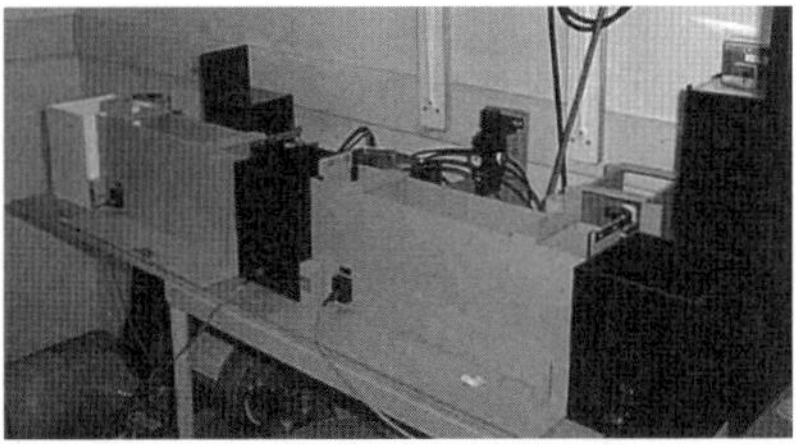

サプライズでモチベーションが掻き立てられるのは動物が持っている普遍的な性質だと言って良い。

これまた古い実験だが、ネズミ（ラット）が廊下を走って行くと、その先に餌が置いてある（図2）。餌をたくさん置いておくと速く走る。少ししか置いていないとゆっくり走る。

このあたりは現金な動物なのである。

ここでその報酬（餌）の量を突然変えてみる。

図３：報酬の対比効果

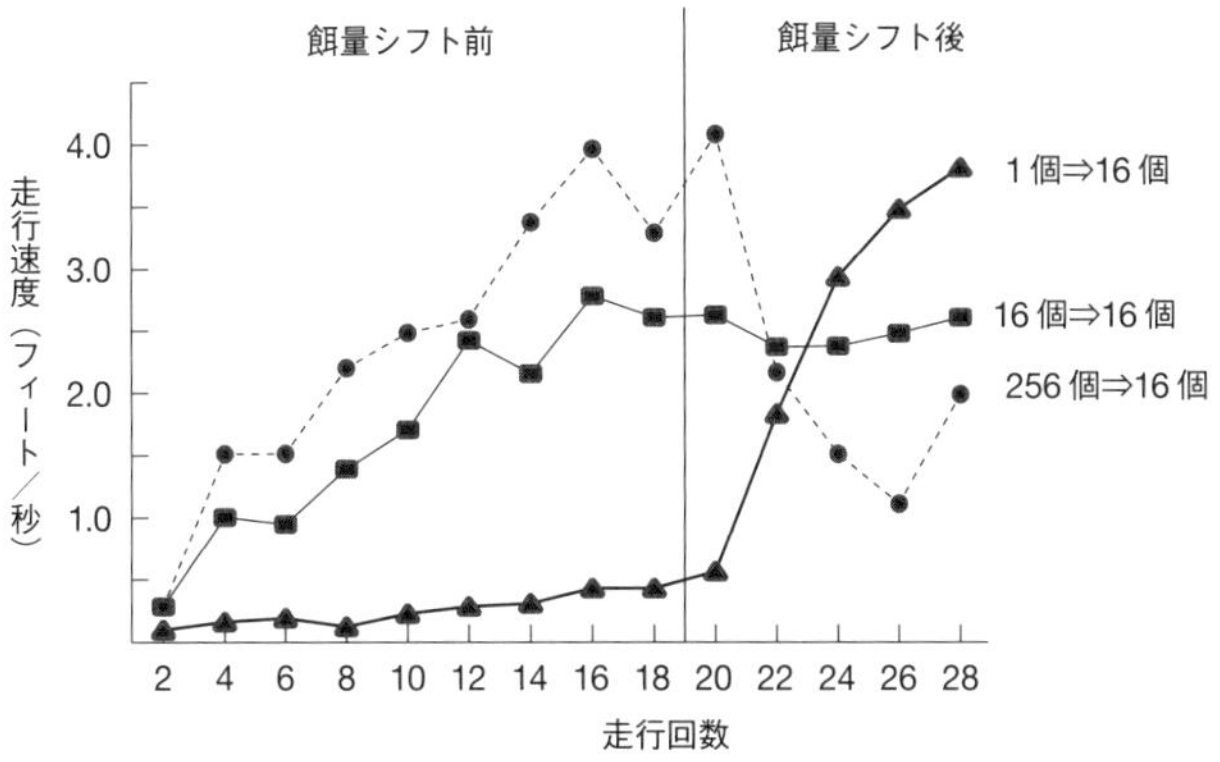

「少ない」から「多い」に変えると、俄然、速く走るようになる。それはもともとたくさん置いてあったときよりも速い。

「多い」から「少ない」に変えると、走行スピードは落ちる。最初から少なかったときよりもさらにゆっくりになる(4)（図３）。

つまり、もともとネズミはネズミなりに報酬の量を予測して走行スピードを調節していた。

ところが、報酬の量が変わるとその調節をやり直した。そのときにオーバーシュート（行きすぎ）が起こるのだ。

だから人間が働くためにも「昇給」が大事である。実のところ、もともとのベースが高いか低いかはたいした問題ではない。「アップ」、それも「サプライズアップ」がカギである。

サプライズと脳

サプライズによって行動のオーバーシュートが起こる。
それは脳の「報酬系」の働きによる。サルの実験の話がそのヒントになる。
サルの報酬系の「起始核」、すなわち「ここから報酬系が始まる」という出発点のところに細い電極を差し込んで、どんなときにその起始核が活動するかを調べた実験がある。(5) 脳そのものは痛みを感じないので、電極を刺しても痛くはない。

その様子を図4で見てみよう。これは神経細胞の活動を示したもので、左から右に向かって時間が流れている。実験は三つのパネルで示す通り三種類あって、同じ細胞の活動をフォローしている。各々のパネルに何行かの点が打ってあるが、その一行が一本の電極から拾った記録、すなわち一個の神経細胞の活動である。点を打った時点でその細胞が活動している。つまり点が黒々と密集したように見えるところでは、報酬系のたくさんの神経細胞が活動したのである。

さて、サルの口にパイプを使ってりんごジュースを一滴たらすと、その部位の神経細胞が活動する。

図４：報酬系のニューロンは予告に反応（文献 5-5 より作成）

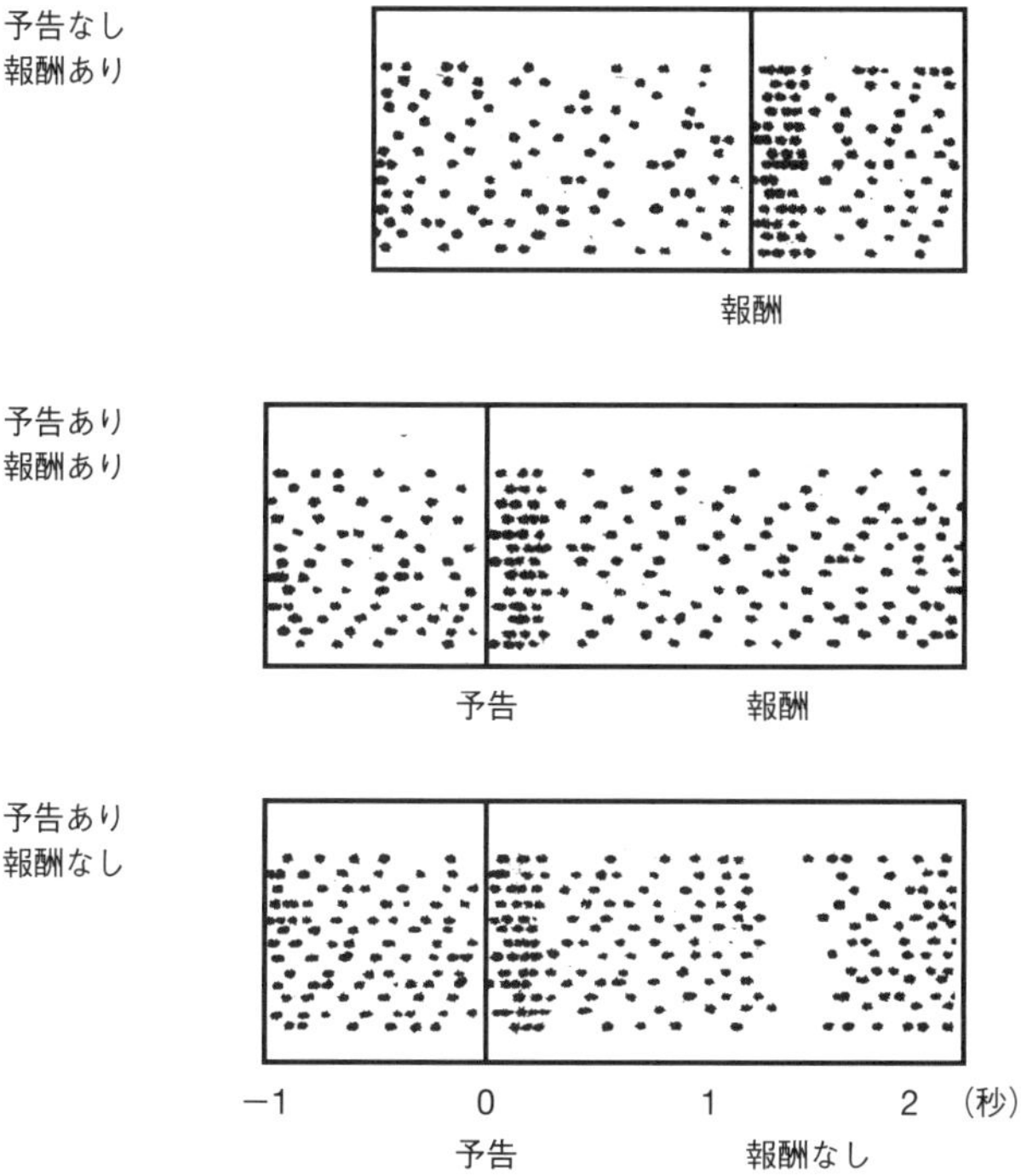

これは良いものが口に入ってきたから当然の反応である（図４上）。

ここで、りんごジュースを与える１秒ほど前に、ランプを光らせて予告をする。何日かこれをやっていると、この神経細胞はジュースそのものにではなく、ジュースを予告する信号に反応するようになる（図４中）。

しかも、予告をして

図5：報酬系のニューロンはサプライズに反応（文献5-6より作成）

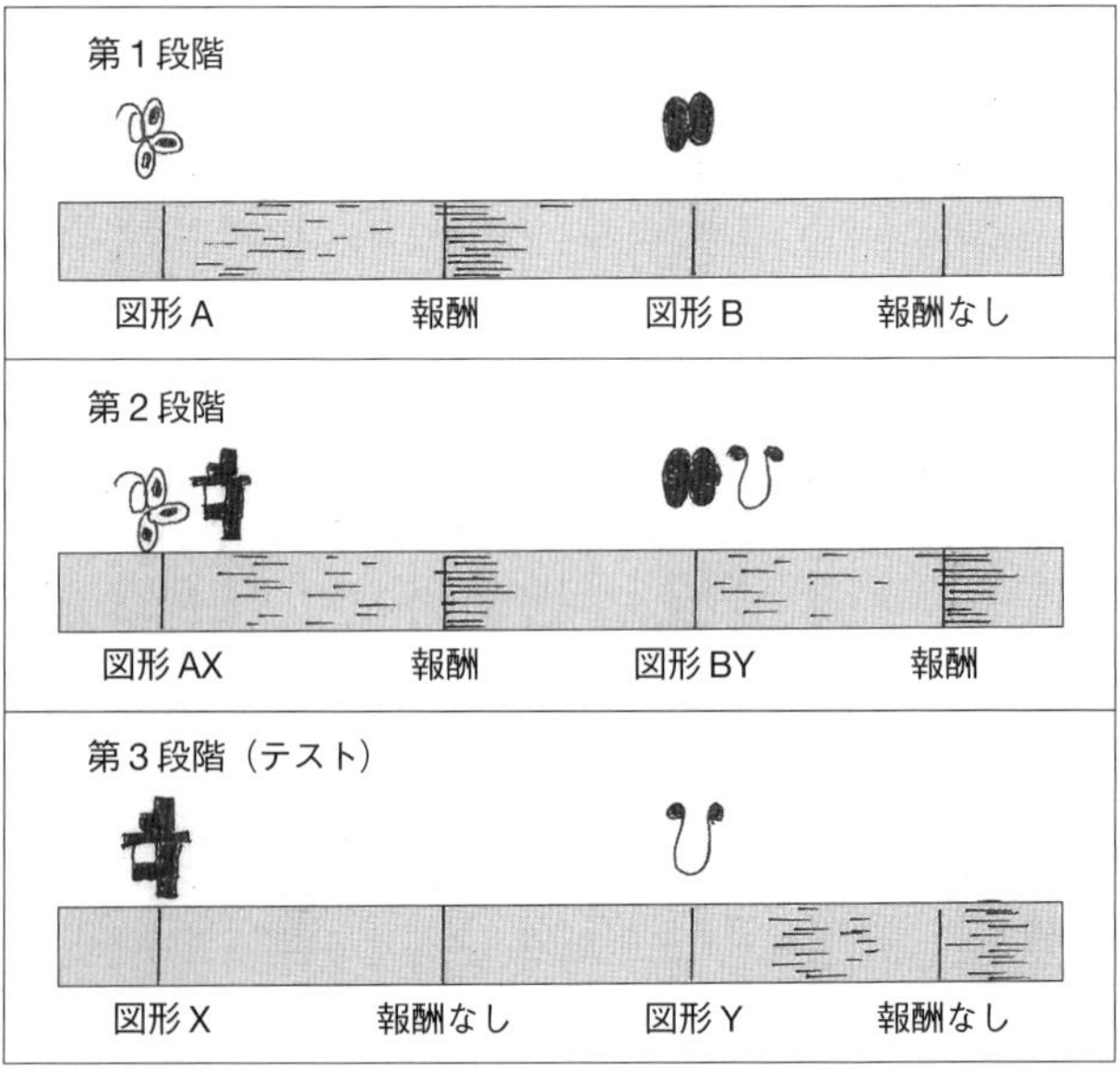

おいてジュースがもらえなかった場合は（実際はサルが反応に失敗したのだが）、ジュースがやってきていたタイミングで正確に神経細胞の活動は止まる（図4下）。

報酬系の神経細胞は報酬がやってくることを予期して活動するようになったのである。

今度は少し手の込んだ実験で、報酬系の神経細胞が本当に「サプライズ」に反応しているのかどうかを調べてみる。[(6)]

この実験は三段階から成っていて、最初の段階では、ある図形（Aとする）を見せたときにジュースを与え、別の図形（Bとする）を見せたときには与えない（図5上）。こうすると、神経細胞はジュースがもらえる図形にだけ反応する。これは先に述べたことの繰り返しである。図5も図４と同じスタイルで神経細胞の活動を示している。ただし図を縮小したので、図４で点だったものが線になった。

次の段階では、それぞれに図形をもうひとつ追加する。Ａ＋Ｘ、Ｂ＋Ｙという具合である。そしてどちらの場合にもジュースを与える（図5中）。そうすると、どちらの場合にも報酬系が反応する。この複合図形が報酬を予告しているわけなので、これも当然の結果だろう。

そこで第三段階のテストである。ここでは先に追加した図形（ＸかＹのどちらか）だけを見せて、どちらに報酬系が反応するかを調べる（図5下）。

その結果は明白に出て、Ｘには反応せず、Ｙに反応したのである。

どうしてそうなったのかを考えてみよう。

Ｘは、もともとジュースを予告する図形（Ａ）に上乗せされた。

それはいわば「屋上屋を重ねる」図形であった。

Ｙは違う。もともとジュースはもらえないはずであった（Ｂ）。そこにＹが加わるとジュースがもらえたのだから、サルはびっくりである。Ｙには大きなサプライズがあった。報酬系はこういう対象に反応するのである。

私たちは「番狂わせ」が好きではないだろうか？

横綱が十両に勝っても面白くはないだろう。

その逆が面白い。だからそれに「金星」などという名前を与える。

商品開発もそれと同じである。

屋上屋を重ねた「新機能」は新機能とは思ってもらえない。

これまでにない「サプライズ」が購買意欲をそそる。

なお、ここでの話は報酬系に絞ったが、予測と実行のズレを計算して次の行動を決めることは、実は脳が総力をあげてやっている。「今、自分はこれをやっている」という情報と、「だからこのぐらいの報酬がもらえるはずだ」という情報は前頭葉で統合されている。(7)

マーケティングや商品開発の場面では……？

幼児向けの玩具ではユーザーに「物語」を提供することでサプライズを演出しているそうだ。

G「私たちの商品には二十年以上の歴史を持つものがあります。その中でリニューアルを繰り返してきましたが、リニューアルの効果もだんだん薄れてきたのです」
H「リニューアル、あるいはモデルチェンジがユーザーの想定の範囲内に入ってしまうと、それはもはやリニューアルとしての意味を持たなくなるのですね」
G「消費者にも飽きが生じるのです」
H「意外性を出すのが難しくなったわけですね」
G「その中で大成功した商品があります」
H「何でしょう？」
G「これまで出回っていた人形の『妹』です。まず、この『妹』には『目が動く』という新しい機能をつけました。それまでの人形の目は描いたものでした。それを動くようにしたのです。それから、名前をつけました。すでに『おともだち人形』も売り出していたのですが、それらには名前がなかったのです。また、これまでの『お人形一家』の人間関係は子供たちの想像力にゆだねられていたのですが、妹を売り出したことによって明確な『家族』に発展する道を作りました」

H「それは良いアイデアですね。おおいに意外性があります。『おともだち』だったら、すでに持っている人形で満足しているユーザーには『余計なもの』かもしれない。しかし妹ならば、家族のメンバーを揃えることになりますから、すでに人形を持っているユーザーでも、もうひとり欲しくなるのは自然なことです。『もう一体』という購買意欲が湧くでしょう」
G「商品開発の立場から言うと、これは大きな仕切り直しでした。しかしそれは良い方向の意外性となって流通・消費者に受け入れられたと思います」

テレビ番組の制作者は常に意外性を考えている。

H「視聴者の期待を良い意味で裏切る、といったケースはありますか?」
G「もちろんあります。すぐに思いつくのはドラマの配役です」
H「期待通りの配役で良いのではないですか?」
G「たしかに、視聴者には一種のステレオタイプができています。しかし、役者さんはいろいろな顔を持っているもので、基本的には役柄によってどんなキャラクターでも引き出すことができるのです。そこで、この役にこの俳優を当てる、というときにいろいろ値踏みをするわけです。そのときに、意外性を訴える配役と、そうでない配役とを微妙にブレンドします。ヒットしたドラマには必ずと言って良いほど、配役のどこかに意外性があります」

Ｈ「何か具体例があれば……」

Ｇ「ここ数年の動向を見ると、視聴率的に成功したドラマとして『半沢直樹』があります。その主役の堺雅人さんは、良い意味で期待を裏切る、というニーズにぴったりの俳優さんであり、役柄であったと思います。堺さんというと一般には穏やかで明るいイメージがあるでしょう。それを全く崩したわけではないけれど、芯の強さや真面目さ、ある種の迫力といった新しい魅力を引き出しました」

Ｈ「そのイメージはどうやって調べて、配役の決定はどうやっているのでしょう？」

Ｇ「そこも重大な企業秘密で（笑）……。定量的な調査結果を参考にすることもありますが、あくまでも参考です。ドラマの作り手はこれまでの役柄を熟知していますから、イメージのプロトタイプはすでに持っています。配役の決定で意外性をねらう場合は、作り手がどこまで冒険するかです」

Ｈ「何か直感のようなものがあるわけですね」

Ｇ「これまでのお話を聞いて思うことですが、科学的に予測のできる範囲では、これは本当の意味で意外性とは言えないのではないでしょうか。作り手がチャレンジをした、という精神が視聴者に伝わること、つまりは科学を越えた何かが大事なのではないでしょうか?」

H「なるほど、よくわかります。ただし、研究者の端くれとしては、インスピレーションやイマジネーションといったこともこれからの大事な研究テーマではあるのです。しかし、科学的に理解できるかできないかは別として、視聴者としてはスポンサーの意向を忖度したり、リサーチで計算され尽くしたりしたものよりも、作り手の熱意が感じられるものが見たいですね」

アップルのリンゴには「欠けている」ところに意外性があった。

ただし、昔のリンゴマークには欠けたところにも機能的な意味があった。

まだマッキントッシュが上市される前、「アップル」というパソコンが売られていた頃、あのリンゴの欠けたところに「アップル」の小文字の「a」がちょうど収まるようになっていたのだ。

だが、欠けていると何となくそこを埋めたくなる。それを埋めるのが「あなた」なのですよ、というメッセージが伝わる。

大林宣彦監督が一九八三年に『廃市』を作ったとき、私は試写会に行った。

定刻より三十分遅れて会場に姿を現した監督は、「この映画は、『廃市を作りたい人、この指とまれ』と呼びかけて、全く自主的に作ったものです。たくさんの人が指にとまってくれましたが、その指に最後にとまってくれたのがあなたがたです」と話を切り出した。

そのとき私の中で「作り手」と「受け手」の垣根が崩れた。

これは全く意外な経験だった。

「私は『作り手』の一員なんだ……」そう思った。

それ以来、私は大林監督の作ったものはすべて見た。

とはいえ、意外性だけで「ファン」心理がつかめるものでもない。

ユーザーの心をつかむには？

大林監督の言葉にそのヒントがある。

「私が送り手、あなたがたが受け手なのではありません。あなたがたも私たちの仲間、送り手の一員なのです」

そのメッセージの意味は、つまり顧客のものの考え方を変えることだ。それを次に説明しよう。

第6章

法則その3～「自分は正しかった」と思わせる

納得したい心理

モノを作るときには一緒に「ストーリー」も作ろう。

そうして、モノと一緒にそのストーリーも売ろう。

そうやって「ファン」心理を作り出す。


たとえば国産のウィスキー、それはニッカでもサントリーでも良い。

その一杯の琥珀色の液体が生まれるまでにどんなストーリーがあったことだろう。私たちはそれをNHKの朝のドラマや伊集院静の小説でよく知っている。ウィスキーを口にするとき、実はその物語も口にしている。

自社製品に「物語」を与える。

これは「ストーリーマーケティング」と呼ばれ、この頃狙い目のテクニックである。

企業はときに「物語」の創作に多大な労力を費やす。

たとえば大成建設。大成建設はストーリー性のあるアニメのコマーシャルを流しているが、それを監督したのはあの『君の名は。』の新海誠氏なのである。大成建設はそれほどまでに

「物語」を重視しているのだ。

また、本書の冒頭で紹介したオートバイメーカー。そのメーカーの作るオートバイのエンジン音は、作曲家が設計している。加速性能、あるいは安定感をうたう機種にはそのように、ユーザーの物語に合わせて音が作られるのだ。

ストーリーマーケティングで大事なのは、モノを買うという「小さな物語」を、消費者が抱いている「大きな物語」に結合させることだという。そこに工夫が必要だ。「大きな物語」に到達できるように、あらかじめ「小さな物語」を作るのである。(1)

認知構造の変化

「大きな物語への結合」を私なりに解釈すると、「消費者の認知的な構造を変える」ということになる。

言葉はいかめしいが、難しいことではない。

ひとつ簡単な例というか、クイズを出そう。

「図のような九個の点を、一筆書きで四本の直線で結んでください」（図1）

図1：認知構造の変化

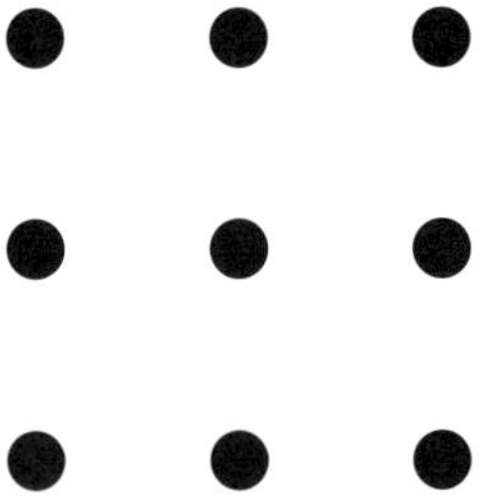

正解はよく知られているし、いろいろな本にも出ているので書かない。

ただ、九個の点が規則正しく並んで作っている正方形にとらわれていてはわからない。もっと大きな背景の中で考えたらわかる。これに気づくのが「認知構造の変化」である。

ジャパネットたかたにはこれで成功したエピソードがある。

先代社長高田明氏が佐世保のカメラ屋から身を起こし、ラジオ通販からテレビ通販に進出、二〇〇一年には佐世保の自社ビルから全国ネットの放送を開始、今や売り上げ二千億円を射程に収める通販総合売上高三位（日本流通産業新聞の二〇一七年十二月の集計による）の同社だが、二〇一一年には危機を迎えていた。家電エコポイント制度の終了、アナログ放送の終了など売り上げにブレーキをかける材料が連なり、業績は急降下した。

高田氏はあえて東京に進出し、現社長の高田旭人氏をリーダーとする佐世保本社組と、明社長率いる東京スタジオが競う体制を作った。

このとき「たかた」はレイコップの小型掃除機を売り出したが、これがさっぱり売れなかった。性能は良いのに売れない。

そこで東京チームが、従来定番の小型掃除機を「ふとん専用の掃除機」として「定義し直す」というアイデアを出した。

その「仕切り直し」、すなわち「この掃除機はふとんをきれいにするためにお使いください」というキャンペーンで消費者に訴えたところ人気に火がつき、レイコップの掃除機は累計で二百二十万台を超える大ヒット商品になった。(2)

これは見事な認知構造の変化である。この掃除機の見え方が変わったわけだ。ただの「小さくて片手ですいすい操作できる掃除機」だったのが、「ふとんの髪の毛を取ったりダニを繁殖しにくくする掃除機」に変わった。もちろん、この掃除機をふとんの掃除以外に使ってはいけないわけではない。だが、このように見え方を変えたことで、「そう言えばそういうモノが欲しかった」という気持ちに火をつけることができたのだ。


こんな話もある。

とあるショップに女性客がジャケットを買いに来た。ところがそのジャケットはお客の想定よりも丈が短かった。

「かわりの品を持ってきます」と、次々にいろいろなジャケットを持ち出してきた店員は、結局なにも売ることができなかった。

一方、これと全く同じ状況に遭遇して「売るのに成功した」店員がいた。

その店員は何と言ったのか？

「これは下に持ってくるものとのバランスの問題です」と言ったのである。

「ロングスカートと合わせたら丈が短めのジャケットでも気になりません」

この一言でお客の認知構造は一変し、このジャケットは見事に売れた(3)。

説明の恣意性

それならば、商品を開発して売る側は、常に特別な物語を提供しなければならないのだろうか？

いつも都合よくそんな物語のネタが転がっているものだろうか？

そう考える必要はない。

実はこの物語づくりは、常にうまくいく可能性がある。なぜなら、顧客のアタマに浮かんだ物語は「正しい」とは限らないからだ。それどころか「後知恵」のことが多い。そしてそういう物語はどのようにでも作れる。

図2：店頭での実験

スーパーマーケットの店頭で行われた実験にこんなものがある（図2）。二種類のジャムを試食してもらい、どちらが好きかを尋ねる。店員に化けた実験者は、「では、もう一度試食して、なぜこちらが好きなのかお答えください」と言う。お客はもう一度口にして、いろいろ理由を言う。

しかし、この実験にはからくりがあって、ジャムの瓶には、実は上下に二種類のジャムが仕切りを隔てて一緒に入っているのだ。

「ではもう一度」と言うときに、実験者はお客に気づかれないように瓶の上下をそっとひっくり返す。つまり、もう一度試食して、どうして好きかを説明した方は、最初は

「好きではない」と判断した方だったのである。しかし、お客はそのことに気づかない。

アップルシナモンとグレープフルーツのように、はっきり違いがわかるはずのものでも、「実はひっくり返された」ことに気づいたのは半数足らずの人であった。(4)

これが人間の脳の高次機能、大脳新皮質で行っていることの秘密である。

つまり知性の役割とは、自分のやったことに「後から」都合の良い理屈を考えること、すなわち自作自演で納得感を創出することだ。

認知的不協和

「納得感」ということをもう少し突っ込んで考えると、「売る」ための裏ワザが見えてくる。

あのジャムの実験で「実はこちらはあなたが最初に選んだ方ではない」と知らされたときの客の反応はどうだったのだろう？　残念ながら論文にはそのことが書かれていない。だが、私ならば「ああ、こちらもそれなりに良いですね」と言うのではないかと思う。これはまあ、負け惜しみと言えば言えるが、負け惜しみもときには大事だ。

私たちは自分のやることが矛盾していると自覚するのはイヤなのである。当初は好きとは言わなかったジャムの良さを説明してしまった自分には矛盾がある。こういう矛盾のことを

「認知的不協和」という。認知的不協和は不快な状態であり、私たちは何とかそれを解消しようとする。

これを逆手にとって顧客をつなぎとめることができる。

居酒屋を舞台にして行われた実験を紹介しよう。(5)

入店してきたお客に「お客様から一言書いてもらって店内に飾るイベントをやっております」と言ってカードとペンを渡す。

このときに「まずいことばかり書いてあると店としても困りますので、ウソでも結構ですから何か『ほめ言葉』をお願いします」というお願いをするグループを作っておく。別のグループにはただカードを配るだけである。比較対照の人々にはそういうことを何もしない。

お客が店を出るときにアンケート用紙を渡し、再びこの店に来たいかどうかを聞いてみる。

そうすると「ほめ言葉」を書かされたグループの方が、そうでないグループに比べてダントツに再来店意欲が高かったのである（図3）。

なぜだろうか？　なぜこんな簡単な操作にひっかかったのか？

この結果は、好きでもないのにほめ言葉を書かされたことによって認知的不協和が生じ、

図3：認知的不協和が再来店意欲を起こす（文献6-5より作成）

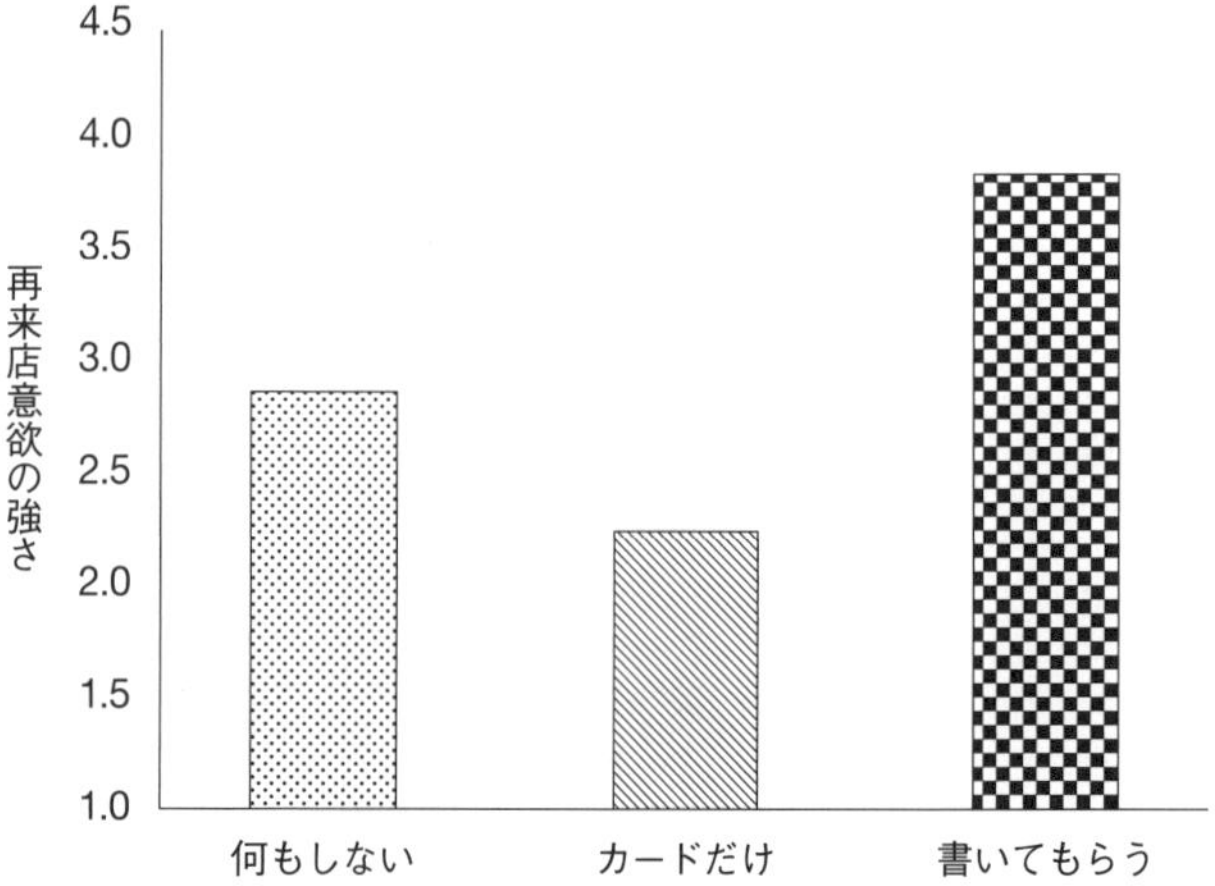

それを解消するために、「この店はわりといいな」という態度を作ったからだと考えると理解できる。

だが、驚くのはその先だ。

お客が実際に何を書いたかを調べてみる。そうすると、ほめ言葉を書くように頼まれて本当にほめ言葉を書いた人と、頼まれはしたがそんなことは書かなかった人とがいる。

どちらの再来店意欲が高かったかというと、実はほめ言葉を書かなかった人たちなのである。

これはいったいどういうことか？

考えられるのは、「ほめるように言われた」「しかし自分はそうしなかった」、この矛盾から強烈な認知的不協和が生じるということだ。

その不協和を解消するために、「また来ても良いような店だった」と思うことにする。こういうからくりである。

そうなると、ホテルやレストランなどでみかける「私たちのサービスを評価してください」というアンケートの紙片は、実は顧客のつなぎとめに役立っている。めちゃめちゃ悪い点をつけると、「ではなぜそんな店に入ったんだ?」ということで認知的不協和が生じる。それで、実際は若干良い点数をつける。そうなるとこれまた「それは本心ではなかったかもしれない」という認知的不協和が生じ、最終的に「この店は本当に良かったな」というポジティブな評価に変わる。

もちろん、店の方としては、辛い点数がつけてあるところは改良しようとするだろうから、サービスの向上につながる。しかし、本当に激怒した客をのぞけば、このアンケートに答えること自体にポジティブな感情や評価を生む効果がある。

これが「納得感」の正体であり、セールスには欠かせない。つまり、売りっぱなしにするのではなく、顧客からフィードバックを受ける。そうすると顧客は必ず自分の購買行動が正しかったと思う方向に自分の気持ちを動かす。

計算する脳と納得する脳

「欲しい」という気持ちが報酬系の活動から生まれてくるという話は、ほぼ正しいと言って良い。

しかし、カネがからんでくるとなると話は変わる。

ある品物の写真を見せる。

「これはいいな」と思うと、側坐核が活動する。これは報酬系の活動だから納得できる。

その次に値段を提示する。

そうして、「買いますか？　買いませんか？」と問いかける。

こういうときに、「好きだが買わない」という判断をすることは当然あり得る。

そのときには、「前帯状皮質」と「島皮質」というところが活動している。[6]

これらの部位の機能は複雑で、多くの研究結果が出ているが、ごく簡単にまとめると、損得の判断をするところ、感情と認知の橋渡しをするところ、意思決定を支援するところと言っておいてほぼ間違いはないだろう。

前帯状皮質は自分の行動をモニターし、どんな行動を選ぶかという意思決定に関係がある。

また、島皮質は自分自身の行動への「気づき」に関係がある。(7)
興味深いことに、これらの部位は認知的不協和が生じているときにも活動する。(8) 考えてみれば、「欲しいけれど買わない」のは認知的不協和とも解釈できる。

図４：「アハ体験」に関連する脳部位（楔前部）

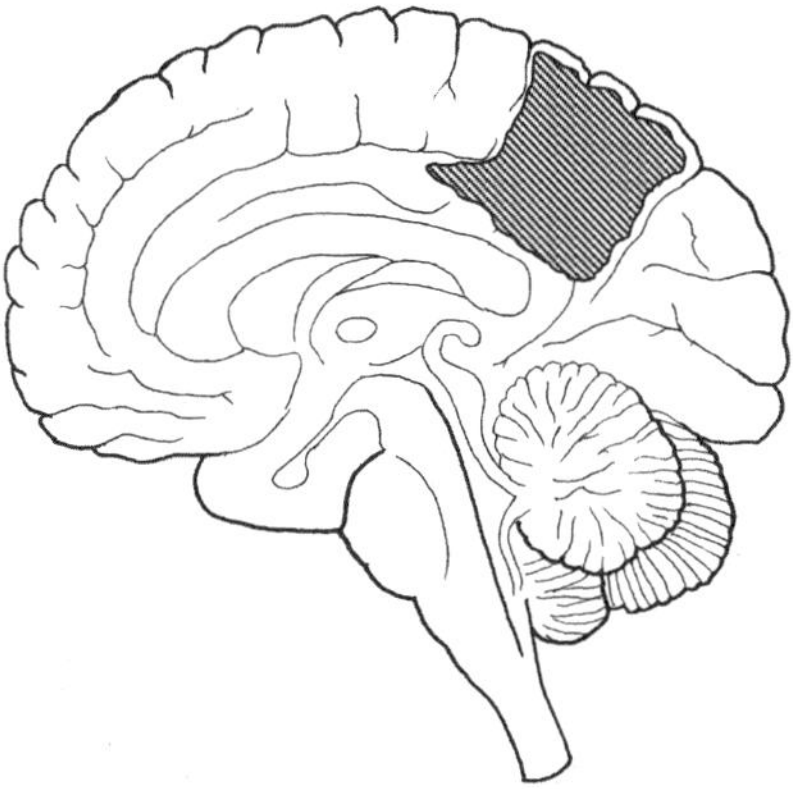

その一方で、「認知構造の変化」はある種の「アハ体験」なのではないかとも考えられる。

「アハ体験」を定義するのは難しいが、理解できなかった状況が突然理解できたときに生じる、驚きや喜びを伴う体験とでも言えようか。それこそ認知構造の変化である。

アハ体験は昔から思考の心理学で研究されてきた。

アハ体験が起こっているときに脳のどこが活動しているかを調べた研究もいくつかある。ある実験では中国人の被験者に四文字の漢字を見てもらい、これらから連想する漢字一文字を当ててもらった。

そうすると、「当たった」ときに活動したのは頭頂葉の内側にある楔前部《けつぜんぶ》というところであった(9)(図4右上の斜線部)。この場所は自己の身体像に関係があり、幸福感に関連しているとも言われる。(10)

そうなると「気づき」や「納得感」とはかなり感情的、身体的なもののように思われる。おそらく認知と情意が混じりあうところ、心と体が対話するところにその鍵があるのだろう。

「物語」は現場で生かされているか?

玩具の場合、ユーザーは子供、購買者は親である。

親はなぜこの子にこのおもちゃを買うのか、納得のできる物語を必要とする。

G「子供の玩具にはあまりお金をかけたくない、と思う親御さんが多いのです」

H「そうでしょうね」

G「ところが最近、高単価の商品を集める人が増え、実際に売り上げも伸びました」

H「あまりお金をかけたくない自分と、高額商品を買う自分との間に認知的不協和が起きるはずですね」

G「どうしてそうなったのか、アンケートはがきなどで解析しています」

H「どんな回答があるのでしょう？」

G「単に『集めているから』という答えがあります」

H「なるほど、収集すること自体に正当な理由を見つけているのですね。そうすると一つの商品が売れると連鎖的に似たようなモノも売れるのではないでしょうか？」

G「そういう傾向もあります。ただ、親御さんが理由として挙げているのはそれだけではありません」

H「ほかにはどんなことが？」

G「『このシリーズはパーツが安全だから遊びやすい』という、安全面で安心したことを理由にする人が多いです」

H「子供の遊ぶものは安全でなくてはいけない。安全のためにお金を払うのは当然と思うのでしょう」

G「でも、実際には他のシリーズもすべて安全です」

H「それはそうですね。ですがこの場合『高額商品が売れた』ことに関係がある。つまり、高いものを買うからにはそれなりに納得できる理由が必要です。それが『安全』だったのではないでしょうか」
G「それも『後付けの適当な理由』なんでしょうか?」
H「そう思います。だって実際にはすべてのシリーズが安全なんでしょう。御社としてはどのシリーズにも高度の安全性を担保されているわけです。それが基本です。そこを購買理由に持ってくるかどうかはユーザー次第です。ただし、そこ(安全性)がターゲットになっていると思ったら、それなりにキャッチフレーズにできますね。『物語』と言ってはいけないのかもしれませんが、『子供には安全なものを』というのは絶対に崩してはならない『物語』のはずです」

テレビ番組はどうなのだろうか?
民放の場合、番組を見るのはタダであり、購買行動ではない。
番組の作り手は視聴者の「納得感」をどのように考えているのだろうか?

H「テレビ番組は何となく見ていることが多いから、商品としての付加価値とか、これを見る理由とか、そういうところに訴えかける必要は少ないのではないですか？」

G「それは大きな間違いです。たとえばドラマを作るときなど、二次利用のことをはじめから考えて作ります」

H「二次利用というのはどんな？」

G「わかりやすい例はDVD－BOXを出すことです。もともとタダで見ることのできた番組、さらに、個人利用に限って言えばハードディスクに録画して何度でも見ることのできる番組ですが、それをわざわざお金を出して買ってもらうわけです」

H「それは売れるんでしょうか？」

G「そういうことをおっしゃるということはこの業界のマーケティングを知りませんね(笑)。最近の例で言うと、『SP警視庁警備部警護課第四係』のDVD－BOXが初回限定生産版三万セット、発売と同時にほぼ完売しています。『花より男子2』も初回出荷で六万セットを超えました（『日経トレンディ』で数値を補足）」

H「本より売れるんですね」

G「それだけではありません。面白いことに、放映時には視聴率が良くなかった番組でもDVD－BOXがよく売れることがあるのです」

H「もともとタダだったものにお金を使ってもらう、そのための工夫がありますか?」
G「もちろんです。典型的なのは特典映像。テレビでは出せなかったものまで出しています。パッケージデザインや『おまけ』にも工夫を凝らしています」
H「それで買い手が納得するわけですね」
G「それだけで納得しているのかどうかはわかりませんが、我々の工夫はそんなところにあります。わざわざ何万円もおカネを出して買うことは『良かった』と思ってもらわなければなりません。また、映画化との相乗効果もあります。たとえば『相棒』などがそうですね。次の作品への期待にも関係しますから、『納得しておカネを使っていただく』ことは非常に重要なのです。今やテレビドラマの『売り』は放送だけではないんです。たいへん多角化しています」

その昔、アップルには「エヴァンジェリスト」と呼ばれる人々がいた。もとはキリスト教の「福音伝道者」のことだ。ガイ・カワサキという人が有名だった。この人々は会社に雇われて宣伝をするわけではない。基本的に自腹を切って製品を買い、そのテクノロジーや使い方、長所などを紹介・啓蒙する。これを「福音」と名付けたあたりは、さすがにアップルは尊大だと思えるところだが、今やマイクロソフトにもエヴァンジェリストがいる。

自動車の業界にも、ワインの業界にも、それなりにエヴァンジェリストの役割を果たす人がいるだろう。

その人々の仕事は、ユーザーの認知構造を変え、ユーザーに物語を提供し、ユーザーに気づきと納得感を与えることだ。

しかし、私たちの身の回りには、すでにあふれんばかりのモノがある。このうえで何かを売ることなど、どのように物語を考えたところで、もはや限界ではないだろうか……。

そう思ってがっかりすることは、サラリーマンの日常では多い。だが、工夫しだいでこの限界を越えることができる。その鍵は「タイミングの計算」である。

第7章

法則その4～巧みに不満を演出する

誰に訴えるか？

商品開発の担当者がしばしばおかす誤りがある。

それは、モニターの評価が高い製品が「売れる」と思うことである。

髪の毛がピンク色の人形（第４章）もそうであった。

なぜそういう「見込み違い」が起こるのか？

これは時系列に沿った消費者の心理をじっくり考えるとわかる。

「評価」は実際にモノを手に取った「後」にやることである。

だが、市場の消費者はその製品をまだ手にしていない。

だから、ターゲットはモノを手にする「前」の心理でなければならない。そこを読み違えるのだ。

まだ持っていない人が「欲しい」と思う気持ちを駆り立てることがカギである。

これで成功したのがカシオの腕時計「Ｇ－ＳＨＯＣＫ」だ（図１）。

誰でも知っているとおり、Ｇ－ＳＨＯＣＫは頑丈だ。落としてもぶつけても壊れない。

Ｇ－ＳＨＯＣＫが発売されたのは一九八三年、開発がスタートしたのは一九八一年で、たずさわったエンジニアは当時二十八歳の青年だった。

彼はある日会社で人にぶつかって腕時計を落としてしまう。大事な腕時計はバラバラに壊れてしまった。カシオでは当時毎月一回「新技術・新商品提案」というものを出さなければいけなかった。しかし、彼はそのとき適当なアイデアを持っていなかった。一種の苦しまぎれで、自分が腕時計を落とした経験を思い出し、とっさに「落としても壊れない丈夫な時計」と一言だけ書いて出した。[1]

図１：G-SHOCK（カシオ）（著者私物）

これが通ってしまい、Ｇ－ＳＨＯＣＫの開発に進んだわけだが、落としても壊れない腕時計は、私たちは「ない」ものと思っていた。だから精巧な腕時計はまるで宝飾品のように大事に扱う。

そこに「丈夫な腕時計」のアイデアが光る余地があった。

Ｇ－ＳＨＯＣＫの開発には紆余曲折があった

ようだが、技術的には「モジュール浮遊構造」といって、主要部分が「浮かんでいる」構造が成功の決め手になったという。

発売とほぼ同時に放映されたアメリカでのコマーシャルで、「アイスホッケーのパックのかわりにG－SHOCKをたたく」というシーンが評判になった。「やらせ」ではないかというウワサも立ったのだが、実証番組で「やらせ」ではないことが証明された。そこでまずは消防士や警察官など、外で激しい仕事をする人たちの間で人気に火がついた。

日本には九〇年代にブームが逆輸入され、ストリートファッション系として流行を迎えるが、これは後の話だ。

計画的陳腐化

「欲しい」気持ちを作るために、マーケティングではしばしば「計画的陳腐化」と呼ばれるテクニックが使われる。

計画的陳腐化には三つの種類がある。

第一は、「物理的陳腐化」という。これは、モノ自体が劣化することである。消費者の立場からすると、こんな劣化は起こらず、いつまでもモノが使えたら良いのだが、モノにはみな寿命というものがある。劣化することは売る方も買う方も織り込み済みである。だからこそ「法定耐用年数」が決まっている。たとえばエアコンは六年、パソコンは四年、カメラは五年、陶磁器やガラスの食器は二年である。(2)

第二は「機能的陳腐化」という。商品の機能的価値を下げてしまうテクニックである。パソコンのハードディスクなどがその好例だ。二〇〇一年に私が買ったボンダイブルーの初代ｉＭａｃは、内蔵ハードディスクの容量が四ギガバイトだった。それが現在使っている機種では五〇〇ギガバイト。いまどき四ギガでは話にならない。性能はどんどんアップする。古いものは、たとえ壊れていなくても魅力を失い、新しいものが欲しくなる。

第三は「心理的陳腐化」という。商品の情緒的価値を下げてしまうテクニックである。ファッションや化粧品にはよくある話で、「今年の春」「今年の夏」と、次々にニューモデルを出す。古いものの機能的価値は何ら毀損されていない。だが、第10章で説明するように、私たちは周囲の集団から一種の圧力のような力を感じるから、「あなただけ流行から遅れていますよ」と言われることに我慢できない。それで何となく新しいモノに手が出てしまう。

もちろん、こういう「陳腐化」をどんどんやって良いかという問題はある。

しかし、新しいモノを流通させていかないと経済が活性化しない。

長持ちがいいのか、陳腐化がいいのか、悩ましい問題ではある。

ときどき外れ

陳腐化の話はこのぐらいにしよう。消費者としてはメーカーが陳腐化に頼るのは好ましくない。実は、陳腐化に頼らなくても消費者の不満を演出する方法がある。

それは「ときどき外れを出す」ことである。

とはいえ「外れを出せばいいのです」とメーカーの人に言うと、当然のことだが、「とんでもない」と反発をくらう。

ところが現実にはそういうケースがある。意図せず「外れ」が出てしまう事態である。

たとえばパソコンのOSを考えてみよう。ここには個人的な感想も入るので、そこはご了解いただきたいが、同意してくれる方もかなりいるのではないかと思う。

まず、パソコン界で主流になっているWindowsの歴史を見てみる。

Windows 95（一九九五年）にはまだ様子見のところがあった。「外れ」とは言わないが、よほどの新しモノ好きでないと手を出さなかった。

次のWindows 98（一九九八年）はいちおう仕事に使えるレベルで、職場に普及しはじめた。

しかし、その次のＷｉｎｄｏｗｓ Ｍｅ（二〇〇〇年）は良くなかった。Ｗｉｎｄｏｗｓ ＸＰ（二〇〇一年）になって信頼性も高まり、私たちも実験に大々的に使うようになった。

ところがその次のＷｉｎｄｏｗｓ Ｖｉｓｔａ（二〇〇七年）は良くなかった。だが、またその次のＷｉｎｄｏｗｓ ７（二〇〇九年）は非常によろしく、実は今私が仕事に使っているのはＷｉｎｄｏｗｓ ７である。もう次が出ているが、バージョンアップする必要性はあまり感じない。

こうやって歴史をたどってみると波があり、たしかに「外れ」がある。「外れたな」と思うときには早く次が欲しくなる。

Ｗｉｎｄｏｗｓばかり引き合いに出すのもよろしくないから、アップルの話も書いておく。実はアップルほど盛大に失敗作を出し続けた会社はないのである。

初代Ｍａｃｉｎｔｏｓｈ（一九八四年）はメモリーが百二十八キロバイトしかなく、商品の売れ行きという点では完全な失敗だった。何となく画期的だという印象だけが残った。ようやく仕事に使えるようになったのはＭａｃｉｎｔｏｓｈ ＳＥ30（一九八九年）からだったが、その後も失敗の歴史は続く。Ｎｅｗｔｏｎというタブレット端末（一九九三年）、ＱｕｉｃｋＴａｋｅというデジカメ（一九九四年）、Ｐｉｐｐｉｎというゲーム機（一九九六年）、ＡｐｐｌｅＴＶ（二〇〇六年）など、みな「大外れ」で、今となっては歴史のかなたにある。

ところが、ユーザーは「外れ」を出しても何かに挑戦している精神を評価した。

実際、Ｐｉｐｐｉｎのライセンスを受けて日本側で開発に立ち上がったのはバンダイだったが、その担当者こそ現在の同社の社長である。失敗は次のチャレンジにつながる。「外れ」はチャレンジの種だ。

さて、Ｗｉｎｄｏｗｓの歩みに戻ると、当たり外れには波がある。

この波を〝演出〟できれば、ユーザーの「欲しい」気持ちを活性化することができる。

タイミング～強化スケジュール

そのためのキーワードとして、「強化スケジュール」という心理学の言葉がある。

強化とは何か？

性能のアップや筋トレのことではない。「行動の頻度を高めるような操作」のことを「強化」という。スケジュールとは強化のタイミングの計算のことである。

たとえば、あなたが東京ディズニーランド（ＴＤＬ）に行った回数を考えよう。その回数が、去年よりも今年の方が増えたとすると、行った先で起こった何かの出来事があなたの行動を強化したのである。

ここでＴＤＬ側がその行動をハイレベルで維持したいと考えた場合、取るべき作戦は何か？　答えは、いつも同じような高度の楽しみを提供することではない。今日は非常に面白く、今日は普通に、また次の機会にはたいへん面白く……といった具合に、基本を一定以上のレベルに保ったうえで、メリハリをつけることだ。

ＴＤＬはこうやってイースター、ハロウィーン、クリスマスといろいろなイベントを企画する。二〇一七年にはその間に「アナとエルサのフローズンファンタジー」「ディズニー七夕デイズ」「エレクトリカルパレード・ドリームライツ」などのイベントが行われた。

そのタイミングを見てみると、お正月プログラムとフローズンファンタジーの間のインターバルは非常に短い。それからしばらくあけてイースターが来る。イースター、七夕、夏祭りと立て続けにイベントが続き、しばらく間があいて今度はハロウィーンになる。

図2：ネズミの実験箱

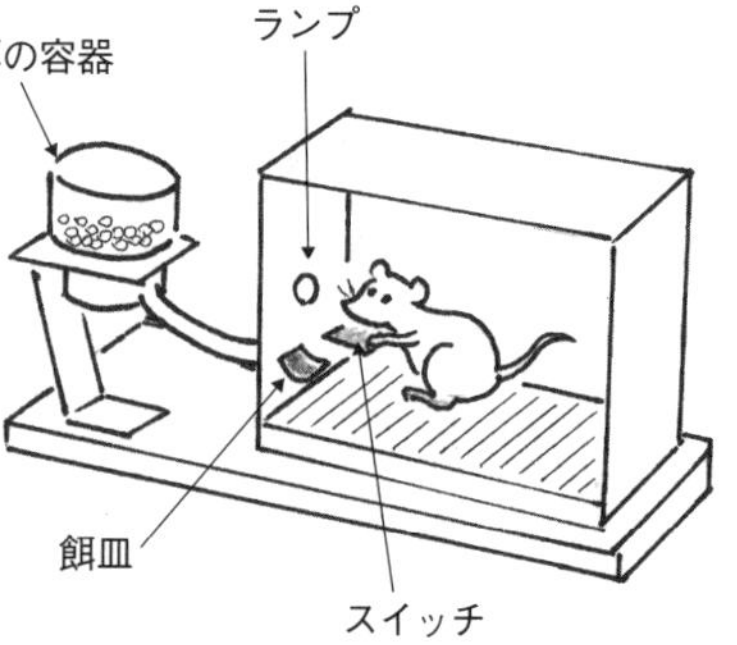

集客力の高い時期にイベントを集中投下しているのではあるが、「強化スケジュール」という視点で見ても上手なやり方だ。

なぜこうした説明ができるかというと、人間も含めて動物一般に共通する行動の特徴があり、動物実験で明らかになっていることがあるからだ。そこでまた少し動物の話をしよう。

上図のような箱を作って、ネズミ（ラットでもマウスでも良い）がスイッチを押すと餌が出てくるようにする（図2）。しばらくするとネズミは自分でスイッチを押すことを覚える。その後スイッチに張り付くように押し続けるようになるが、そうなったら毎回餌をやるのではなく、ときどきやるようにすると行動は安定する。

この「ときどき」が強化スケジュールで、それにはいろいろやり方がある。まず、前回の餌からのタイムインターバルでタイミングを決める「時間制」の考え方がある。そうではな

図３：代表的な強化スケジュールのもとでの行動

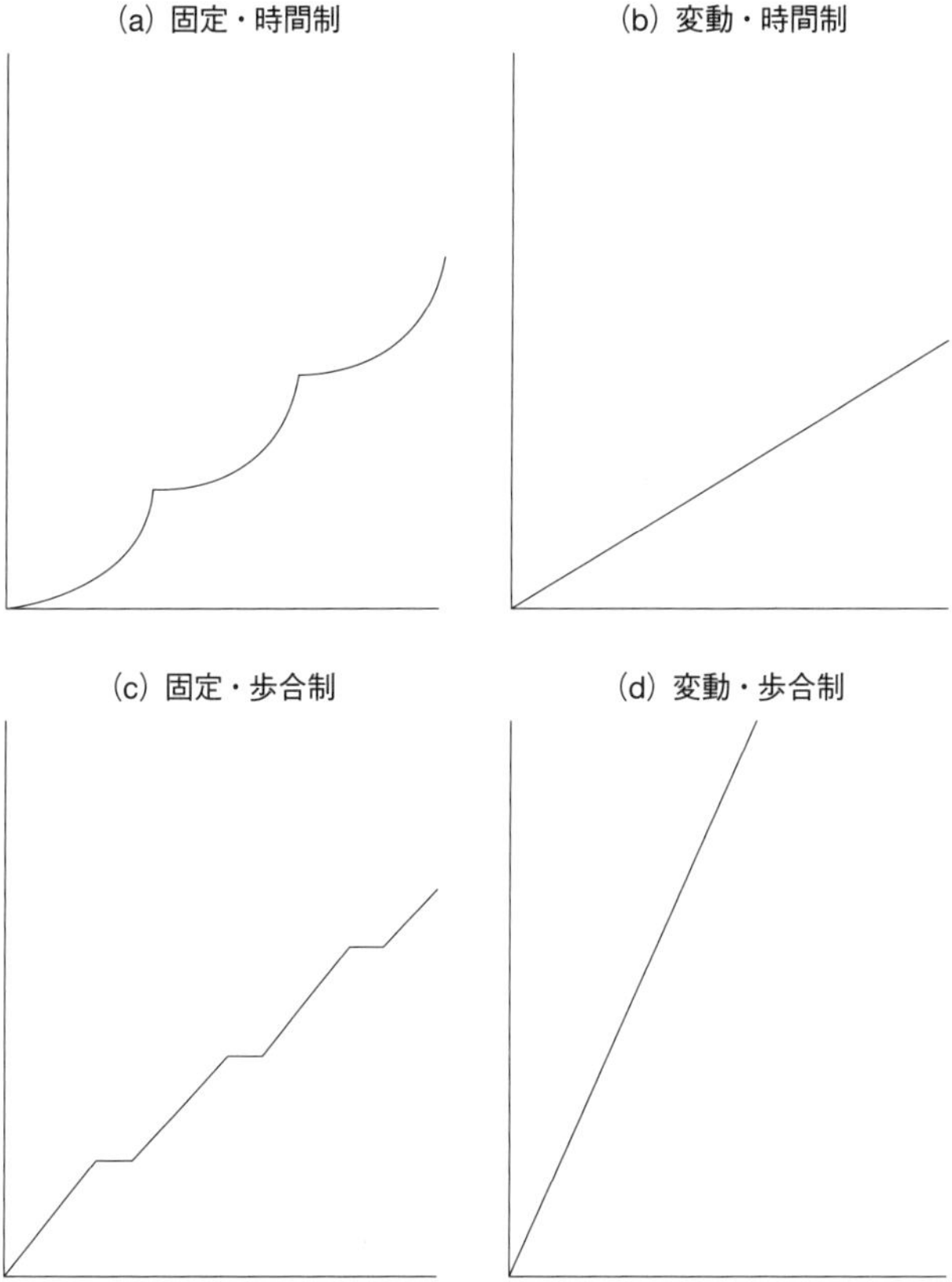

※全て縦軸・仕事量、横軸は時間を示す。

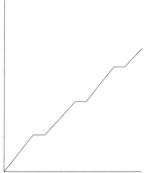

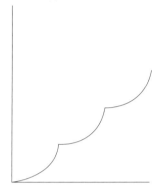

く、スイッチ押しの回数に応じて決める「歩合制」の考え方もある。

そのそれぞれに、「一定の時間経過」または「一定の仕事量（すなわちここではスイッチを押す回数）」という「固定制」の考え方と、だいたい平均は決めておくが、その時々によって時間経過や仕事量を動かす「変動制」の考え方とがある。つごう四種類である。

そのそれぞれに特徴的なスイッチ押しのパターンがあらわれる（図3）。この図はネズミや人の行動を定量化したもので、縦軸は仕事量、横軸は時間である。グラフが寝ているときは、ネズミは休んでいる。いっしょうけんめい仕事をしているとグラフは急カーブで立ち上がる。

「固定」の「時間制」のときには、次の報酬のチャンスが近づくにつれて、だんだん熱心にスイッチを押すようになる。だいたい時間給というのはそんなもので、給料日が近づくと何となく仕事に身が入る。「変動」の「時間制」のときには、だらけもせず、熱心になりもせず、中庸のペースでスイッチを押し続ける。

「固定」の「歩合制」のときには、一定のペースで押してしばらく休み、また押してまた休む。ノルマが決められている仕事というのはこういうものではなかろうか。ノルマがきついと休み時間が長くなる。

四種類の中では「変動」の「歩合制」のときが最も高頻度でスイッチを押し続ける。

　このときネズミの身になってみると、ときには続けざまに餌がもらえる。これはＴＤＬで言えばイベントが集中している時期のようなものだ。その後しばらくは働いても餌がもらえない。ちょっとした閑散期である。しかし、それでもネズミは休みなしにスイッチを押す。「やる気」が持続しているのである。

　これはネズミに限った話ではない。行動の原理がすべての動物種に共通するとは思われないが、この現象はネズミ、ハト、サル、ヒトなどで共通である。


　なぜ「変動」の「歩合制」だとやる気が持続するのか？　それは「変動」の「歩合制」の実例を考えたらわかりやすい。

　その典型がギャンブルなのである。ギャンブルというものは、前回の「勝ち」からしばらく時間が経ったらまた勝てるというものではない。こちらが仕掛けないかぎり勝ちも負けもないから、これは時間制のスケジュールではなく、歩合制である。

　しかも、何回かに一回は必ず勝てるというものでもない。立て続けに勝つこともあるし、さっぱり「勝ち」がお預けということもある。ただし経験的には、「そろそろ来る頃だ」という予感のようなものがある。

なぜギャンブルが多くの人をとりこにし、アディクションと言われるほど大変な問題になるかというと、それはひとえに変動歩合制の強化スケジュールが作動しているからにほかならない。何を賭けるかとか、どんな種類の遊びかといったことには実は関係ない。変動歩合制の強化スケジュールを使うと、その歩合の歩留りを相当低くしても行動は止まらない(3)。

「ときどき外れを出す」とは、この「変動歩合制」の強化スケジュールを走らせるということである。

消費行動のギャンブル化

これを最も簡単にやるには、買い物を一種のギャンブルにしてしまえばいい。

その具体的な仕掛けとしては、ボーナス、ポイント、懸賞やくじ引きなどがある。

こうすれば、商品の方で「外れ」を出さなくても、顧客心理に「当たり外れ感」を作り出すことができる。

懸賞やくじ引きは伝統的にアメリカで販促によく使われてきた。たとえば、顧客のカードを読み込む際に、コンピュータで機械的に当たり外れを決める。顧客の側にしてみれば何の

手間もいらない。だが、あるときには景品がもらえる。このようなボーナスは顧客に対する強いインセンティブになる。(4)

懸賞には「オープン型」と「クローズド型」がある。オープン型は広告などの企画で応募し、当たったら何かがもらえるタイプだ。買い物という取引を伴わないから景品表示法の景品類に該当しない。かつては独占禁止法で最高額が一千万円と決められていたが、現在これは廃止されたので、非常に高額なものをもらえる可能性がある。

クローズド型は、何かを買うとか、サービスを使うとかした場合に「当たり」が出るものである。空くじなしを「総付け」、商店街や同業者が共同で実施するのを「共同懸賞」、それ以外を「一般懸賞」という。

よく見かける「先着何名様」というのも一種の総付けである。空くじなしとはいえ、ある程度はギャンブル性がある。景品表示法によると、共同懸賞の賞品の最高限度は三十万円、一般懸賞の場合は商品価格が五千円以上の場合は十万円まで、五千円未満の場合は商品価格の二十倍までの「賞品」が出せる。

今や、私たちの財布には何枚ものカードが入っている。

そのカードのほとんどが、買い物のたびにポイントがついたり、割引があったり、ときに「ボーナス」がもらえるものであったりするだろう。付加的なサービスのないカードにはまずお目にかからない。「変動歩合制」が演出されているのである。

これによって買い物のギャンブル化は現実に起こっている。「何ポイントで豪華賞品」というのはポイント数が決まっているため「固定歩合制」のように思えるが、ポイントがもらえるタイミングを考えると、実は「変動歩合制」になっている可能性がある。少額のモノを買い続けるとなかなかポイントが貯まらない。高額のモノを買うと一挙にたくさん貯まる。「いつ頃どれだけ貯まる」という予測はつけにくい。

そうなると結局ギャンブルに似ていることになり、モノを買う動機は強まり、その強い状態が維持される。

「欲しい」気持ちと脳

「好き」にも「欲しい」にも脳内の報酬系がからんでいる。しかし、それぞれの解剖学的な位置や、論文から名前を借りれば「ホットスポット」が微妙に違う。(5)

脳内の化学物質の働きとなると、「好き」と「欲しい」の違いはもっとはっきりする。

図４：「欲しくなる」ときにドーパミンが増える（文献 7-6 より作成）

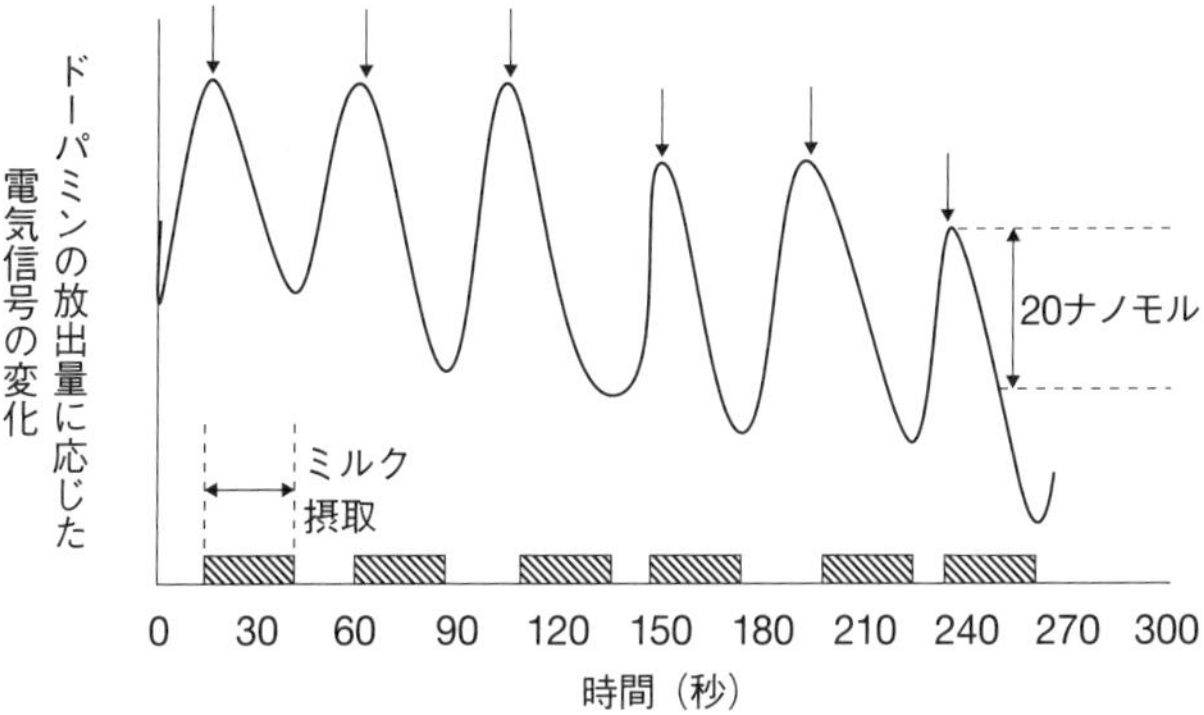

「欲しい」気持ちには報酬系のドーパミンが関係している。実際、ラットがスイッチを押すと30秒間甘いミルクがなめられるようにしておいた実験で、報酬系のドーパミンの放出量をほぼリアルタイムで観測してみると、図４のようになる。矢印はラットがスイッチを押した時点、グラフ下部にある細長い帯はミルクをなめていた時間帯を示す。ラットがミルクをなめて、おそらく満足感を味わっているときには、ドーパミンの放出量は徐々に減っている。それではいつ増加するのかというと、そろそろ次が欲しくなる頃、次のスイッチ押しに「気持ち」が向かっているころである。(6)

これに対して「好き」という気持ちは「内因性のオピオイド」という脳内物質、モルヒネのような陶酔感や多幸感を起こす物質の働きに関係がある。(7)

実感から言ってもそうではないだろうか？　「欲し

い」気持ちは焦りに似ている。「好き」な気持ちは安らぎに近い。

最近の研究ではもう少し細かくドーパミンの役割がわかってきた。

報酬系のドーパミンは側坐核（第6章）から放出されるが、側坐核は中心領域（コア）と外殻領域（シェル）に分けられる。このうち「欲しい」気持ちと関係が深いのは中心領域から放出されるドーパミンである[8]。

実験箱の中に「欲しい」スイッチと「もらう」スイッチを二つ作り、「欲しい」を押してからおよそ〇・五秒後に「もらう」を押すようにラットを訓練する（甘い粒の餌がもらえる）。

中心領域のドーパミン放出量は「欲しい」を押すときに最大になり、「もらう」を押す頃には減っている。それに対して外殻領域のドーパミンは甘い餌粒がもらえるまで放出され続ける。すなわち中心領域は「期待」、外殻領域は「モチベーションの下支え」といった役割を担っている。

こういう分業は、もちろん、側坐核が勝手にやっているわけではない。側坐核にドーパミンを送る「元締め」の場所（それは中脳にある）の神経細胞がアンサンブルを作って調節し

ている。(9)

動物実験ばかりではなく、人間の研究でも「ギャンブル的」な報酬とドーパミンの関係がわかっている。

実験ではカードを引くとお金がもらえるゲームをやってもらう。このとき、何回かに一度は必ずお金がもらえる「固定歩合制」と、いつもらえるかわからない「変動歩合制」を設定して比較してみる。

この実験では、被験者は当たり外れが書かれた面を裏返したカードから一枚ずつ引くが、「固定歩合制」のときには三枚の「外れ」の後が必ず「当たり」になる仕掛けである。当たると「がしゃん、じゃらじゃら」とレジが動いて、お金が出てくる音がする。「変動歩合制」のときは、ほぼ三枚に一枚「当たり」が出て、そのときも同じような音がする。しかし、いつ出てくるかはわからない。

そうすると、これまでの話から当然予想できることではあるが、変動歩合制の方がドーパミン神経の活動が高かった。(10)

報酬がいつもらえるかわからないときには期待がいつまでも続く。そういうときにはドーパミン神経が盛んに活動している。この状態を長く安定的に続けようと思えば、「ときどき外れ」、すなわち「変動歩合制」に近い緩急のメリハリを作るのが効果的なのである。

現場の実例

企業は意図的に陳腐化をやって良いわけではないし、意図的に「外れ」を出して良いわけでもない。そうなると現実的な策として懸賞、くじ、プレゼントなどの手を使って買い物を一種のギャンブルにする。もちろん問題のない範囲での話である。

H「子供用のお人形の販売現場でも懸賞のようなことをやりますか？」

G「やります。とくに販促を重点化するキャンペーン期間ですね。はがきで応募してもらいます」

H「クローズド懸賞になるわけですね」

G「そうです。それは私たちとしては顧客層の分析という意味もあります。そこで大事なことが二つあります」

H「何でしょうか？」

G「一つ目は、『外れた』という失望感を持たせないことです。弊社の場合、ギャンブル的な要素と言うと、キャンペーンの上位賞ではドレスが百名だけ当選します。でも、ここで外れても必ずヘアゴムやハンカチといったものが全員に当たります。これを『全プレ』といいます」
H「もう一つの要素は？」
G「賞品の選定です。ドレス、ヘアゴム、ハンカチといったもの、つまり人形で遊んでもらうための小道具です」
H「その選定に気を使うわけですね」
G「なぜかと言うと、弊社の商品を使って、あるお人形で遊び続けてもらうため、そしてさらに言うと、別の商品や次の商品を買っていただく行動につなげるためです」
H「ギャンブル的な要素と言っても射幸心をあおるのとは違いますね。ただこの『全プレ』の賞品には『上手に不満を演出する』要素が入っているように思います。つまり、遊びの小道具が当たるわけですよね。そうすると当然それを使って遊ぶ。すると新しい人形が欲しくなるじゃないですか」
G「その『つなぎとめ』は大事だと思っています。でも現場では、何かちょっとしたもので喜びを倍増していただく、という狙いでやっています」
H「それも商品の付加価値ですね」

サービスを売る映画会社やテレビ局は、この問題をどう考えるだろう？　映像業界の関係者に聞いてみた。

H「テレビ番組にもキャンペーンとかプレゼントはたくさんありますね」
G「ありますが、お話を聞いてポイントだと思ったのはそれとは別のことです」
H「何でしょう？」
G「ときどき外れを出す、という部分です。番組を企画する側としては、外れることには大きな恐怖があります。外れを出すわけにはいかない。大きく見ればたしかにそうなのですが、ひとつの番組の流れを俯瞰すると、当たり外れと言えるかどうかわかりませんが、緩急のリズムを作ることがとても大事なのです。そのリズムの中に『意図的な外れ』を入れる工夫が入っているかも知れません」
H「具体的に言うとどういう工夫なのでしょう？」

G『『またぎ』という言葉をご存じですか?」

H「いいえ、知りません」

G「ちょうどキリの良い時刻、たとえば午後九時とかをまたいで放送することで、チャンネルを変えられないようにする工夫が必要になります」

H「なるほど、そういえば最近は八時五十五分あたりで次の番組が始まることが多いですね」

G「このままこのチャンネルを見たい、という気持ちを持ち続けてもらわないといけないのです。そこで、たとえば歌番組の場合、『またぎ』の前には意図的に少し面白くないものを持ってきます。演歌ファンには申し訳ないですが、ある種の演歌のようなものです。ここで視聴者の気持ちに『外れ感』を作ります。で、いよいよ『またぎ』時間を越えるあたりに嵐やエグザイルのように人気が沸騰しているものを持ってきます」

H「なるほど。そう言えばミステリードラマなんかでコマーシャルを入れる前にどういう場面で区切るかも大事ですよね。朝の情報番組に占いがあるのもそれかもしれない。あんなの科学的な根拠もないし、朝の忙しいときに占いどころじゃないと思っていても、自分の運勢を聞くまではチャンネルを変えませんからね」

G「『不満の演出』とは、期待感と言い換えても良いのでしょうか?」
H「まあ、言ってみればそうです」
G「それなら非常に大事なことで、現場では常にそのリズムの話をしています」

リズム感のある企業が成功する。「かじりかけのリンゴ」はどこか中途半端だ。完全なカタチはしていない。そうかと言って、食べ尽くした感じもない。この中途半端なところがいろいろな想像を生む。その想像が物語をふくらませ、私たちは夢を感じる。

スティーブ・ジョブズは、プレゼンが「もう終わったか」と思うときに、「One more thing…」と言って次の話を始めていた。私たちはこの「One more thing…」こそ本命であると思った。

この章ではあえて「不満」という言葉を使ったが、その本体は「夢」なのである。夢には願望があらわれるという。まだ持っていないモノに対する願望、もうすぐ、だが予測できないタイミングでそれが実現するかもしれないという予感、それが消費者の心をくすぐる。

第8章

法則その5～とにかく露出を増やす

知られることが大事

ここからは、「売り」のテクニックを考えていこう。

まずはじめのテクニックは、言ってみれば簡単なことで、「とにかく何度も見てもらう、触れてもらう、感じてもらう」ことだ。

二〇一〇年十一月二十一日、誰もが知っているお茶づけ海苔の「永谷園」が朝刊に全面広告を掲載した。

お茶づけ海苔の衣装（？）をまとった男の子が人懐っこい笑顔を浮かべている。そのアップの画像のまわりに、この子がいろいろなポーズを取っているかわいい小さな写真がある。空間を大きく利用した斬新な画面デザインである。下段にはおなじみのお茶漬け海苔のパッケージが五種類並んでいるが、こちらはどちらかというと控え目だ。

この広告の注目率は七十六・七パーセント。予測の五十七・三パーセントを大きく上回った。印象度、好感度、理解度、信頼度ともに九十パーセントを上回る高い評価を得た。(1)

もちろん、一九五二年に開発された国民的な「お茶づけ海苔」をこの広告で初めて知った人は少ない（三・八パーセント）。「あらためて注目した」という人が多かった（四十三・三パーセント）。その中にはこういう回答があった。

「普段テレビＣＭを見ているだけに目に飛び込んできて、良い広告だと感じた」

「テレビでもオンエアされているが、モデルの子がかわいい」

なるほどと思うが、実はちょっと面白い。

なぜ面白いかと言うと、この子が登場するお茶づけ海苔のテレビＣＭが始まったのは、二〇一〇年の十二月、新聞広告の出た翌月だったからである。

新聞の読者がこの広告を目にしたときには、このキャラクターのテレビＣＭはまだ始まっていなかった。

「テレビでもオンエアされている」と思ったのは誤認と言えば誤認なのである。

だが、なぜこんな誤認が起こったか？

それはこの年、子役を起用した「すし太郎」のＣＭが始まっていたからである。

永谷園のテレビコマーシャルはそれまで著名な演歌歌手や俳優を起用してきたが、ここで子役を起用したものを始めた。それが「すし太郎」だった。視聴者は「すし太郎」の子役姿になじんでいたために、お茶づけ海苔の子役姿も好意をもって受け入れた。

なぜかと言えば、なじんだものには好感が生じるからである。好感度をアップさせるには、露出を増やすことだ。とにかくどんどん人の目に触れてもらうに限る。

ただし、最初の印象が悪かったら、露出度を上げても好感度はアップしない。最初はとりあえず「嫌がられない」程度で良い。そうすると後は、露出さえ増やせば自動的に好感度がアップする。

くまモン

意図的に露出を増やして人気を獲得したモノは多い。

近年の大ヒットに、熊本県のキャラクター「くまモン」がある。くまモンは商品ではないが、その戦略は実に周到だったので、ここで「くまモン」ヒットの秘密を見てみよう。

実は熊本県にクマがたくさん住んでいるわけではない。くまモンはいかにも「ご当地」を連想させるキャラクターではなかった。第一印象が素晴らしかったわけでもない。くまもとブランド推進課課長の成尾雅貴氏はこう語る。

「自治体キャラクターの場合、まずその自治体の特徴とか主産業をモチーフにデザインされていくことが多いと思うのですが、ではこのキャラクターのどこに熊本らしさがあるのか。頬の赤がおてもやんや『火の国』を象徴しているということは感じ取れましたが、熊本とクマは関係ないし、クマは熊本に対して田舎くさい印象を与えるのでは？と、危惧する意見が一部からあったのも事実です(2)」

そのようなモノがなぜここまで人気になったのだろう？

熊本県は二〇一一年の九州新幹線全線開業を機に、関西・中国地方に対して熊本県の認知度を上げる取り組みを始めた。

そのため熊本県は二〇〇六年に「ＫＡＮＳＡＩ戦略会議」を立ち上げ、事業アドバイザーに映画『おくりびと』の脚本家として知られるシナリオライターの小山薫堂氏を招いた。小山氏は天草生まれなので、熊本県との縁はある。小山氏は熊本の魅力をサプライズでアピールする「くまもとサプライズ」運動を提唱し、友人のデザイナー水野学氏にロゴを依頼した。水野氏はロゴばかりでなくキャラクター戦略を展開することを提案し、これを蒲島郁夫熊本県知事が受け入れたことによって、二〇一〇年三月に「くまモン」が誕生した。(3)

二〇一〇年九月、熊本県は「くまモン話題化計画」をスタートさせる。(4)まず関西圏への売り込みに注力する。そのため大阪の観光名所をはじめいろいろな場所にくまモンが「出張」し、ブログやツイッターへの情報を仕込んだ。同年十月からホームページのQRコードを入れた名刺を関西で一万枚配布する。その名刺には「熊本県は、くまの手も借りたいらしい」というような、面白いキャッチコピーを入れた。

同時に活発な情報展開を行う。大阪環状線の駅構内に五十種類のポスターを貼り出す、車両一台をくまモン一色にする、吉本新喜劇に出演する……県庁の上層部は吉本への出演に懐疑的だったようだが、くまモンが蒲島県知事や著名な漫才コンビと共演した「くまもとウィークIN なんばグランド花月　え〜で!近いで!くまもと!」の記者会見に四十六社が集まるなど、この作戦は大成功する。続いて知事はダミーの「緊急記者会見」動画を作り、「大阪の魅力にハマったくまモンが失踪した。見つけた方はくまモンから名刺をもらい、ハッシュタグ『#kumamon』で情報を提供してください」と呼びかけた。これらすべてが露

表１：「くまモン」の露出度アップ作戦（文献 8-5 より作成）

2010 年 3 月	「春のくまもとお城まつり」で初登場
7 月	熊本市動植物園で「くまモン隊」出発式、くまモン体操初披露
10 月	熊本県知事より「くまもとサプライズ特命全権大使」に任命
	大阪で一万枚の名刺配布開始
11 月	大阪で名刺配布中に失踪、「くまモンを探せ」キャンペーン
2011 年 1 月	なんばグランド花月で吉本新喜劇の舞台に出演
3 月	被災者支援のため大阪で募金活動
7 月	東京出張開始
9 月	熊本県営業部長に任命
10 月	熊本城で「くまモン体操大集合」イベント
12 月	東京で「くまモンファンミーティング in 東京」
2012 年 1 月	熊本上海事務所のオープニングセレモニーに出席
3 月	熊本県庁で「くまモン誕生パーティ」
8 月	日本一高いバンジージャンプに挑戦

出度を増やす作戦だったことは間違いない。

その次の戦略はイラスト利用料の無償化だった。くまモンの著作権は水野氏が持っていた。そこで、熊本県は水野氏から著作権を買い取り、二〇一三年十二月から県が利用許諾申請を受け付けるようになった。

この許諾条件はそれほど厳しくない。「熊本県のＰＲ」「熊本県産品の販路拡大」「熊本県の産業振興」の目的に沿っていれば、事業者登録を行い、許諾申請すればだいたい通る。私が勤めていた熊本の研究所も許諾を取り、学会でその研究所をアピールする記念品を配った。その登録申請の手引きにもくまモンが登場し、「新しい制度だモン！」「協力してほしいモン！」と楽しく呼びかけている。「〇〇モン」の露出度は抜群だ。今はくまモン以外にこの文句を使えるモノはない。

これと併行してくまモンはどんどん露出を増やす。熊本県内の保育園や幼稚園、小学校を回って「くまモン体操」を広める、海外に出て行ってスヌーピーやテディベアと交流する、ハーバード大学での「講演」は『ウォール・ストリート・ジャーナル』に取り上げられる……その初期の代表例だけでも表1に挙げたようなものがある。[(5)] これらはみな知名度を上げる作戦だ。

二〇一三年末の時点でくまモンが熊本県にもたらした経済波及効果は千二百四十四億円、パブリシティ効果は九十億円という（日本銀行熊本支店）。

図１：単純接触効果の実験（文献 8-6）

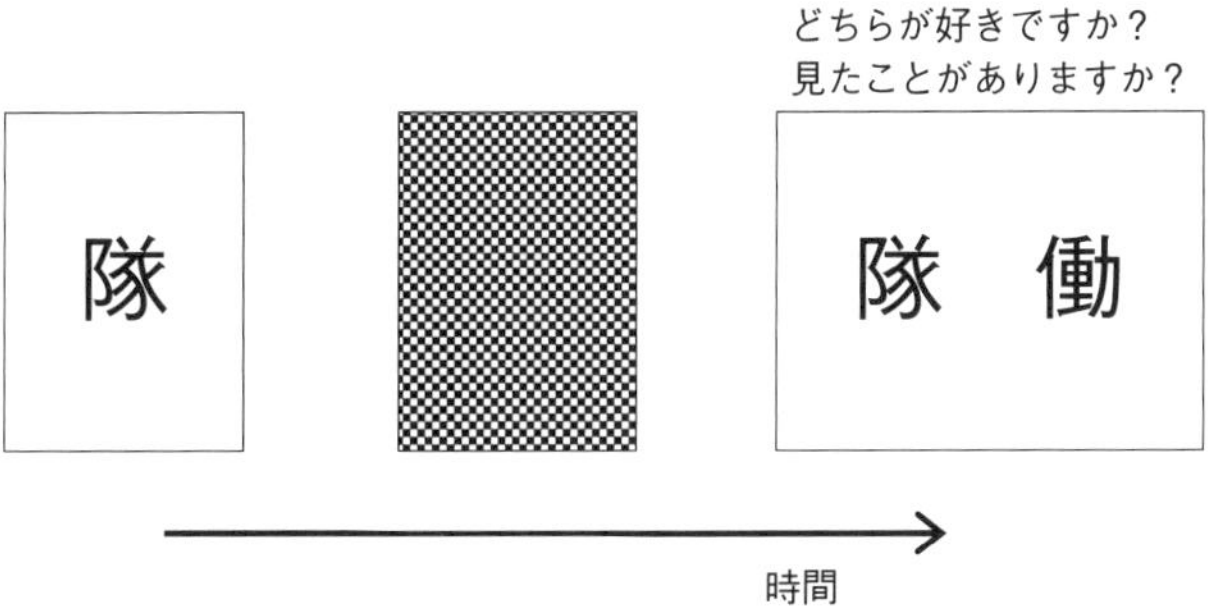

「単純接触効果」のパワー

「見れば見るほど好きになる」、この現象は一九六八年にアメリカの心理学者ロバート・ザイアンスが発表した。「単純接触効果」という名前がついている。単純接触効果は頑健な現象で、視覚、聴覚、味覚、嗅覚など、いろいろな感覚で起こる。

食べ物の好みも単純接触効果によって作られる。日本人が味噌汁を好むのはその一例である。幼い頃から味噌汁を飲む機会が多かったから好きになったのだ。そういう機会がなかった人は味噌汁を好きにはならない。

単純接触効果は無意識の世界で起こっている心理現象である。

これは「閾下感情プライミング」（第3章）に似た実験で確かめられた。漢字になじみのないアメリカの人たちに、図の左側のような漢字を0・05秒というほんのわずかな時間だけ見せる（図1）。そうしてすぐにチェッカー模様で隠す。その後で好感度を調べてみると、最初に見た漢字の方が「好き」という答えが出てくる。[6] ところが、提示時間が短いし、すぐにチェッカー模様で隠されてしまうので「この字を見たことがありますか?」という質問には答えられない。つまり、見たという自覚的な記憶は残っていないのだ。それでも、無意識の世界に何らかの痕跡を残した字は「なじみがあるから好き」という感情を呼び起こす。

図2：奇抜なファッションだが…（文献8-7）

単純接触効果のパワーは比較的簡単な実験で証明できる。

この実験には二十代を中心にした大学生と社会人に参加してもらい（性別は問わなかった）、誰もがわりと「珍しい」と思うような服装の写真を見てもらった。その例を挙げてみるとこんなもので（図2）、なるほど、これを着て町の中を歩いたら珍しいと思われるだろう。

こういう写真を何種類か一枚ずつゆっくり見てもらい、そのたびに好感度を尋ねた。最初はこういう服装への好感度は低かった。

しかし、しばらく見続けて、十回以上見た後になると「感じの良い」「親しみやすい」「好き」という評価が増えた。十回までは好感度は上がらない。十回の後は二十回まで徐々に上がっていく。(7)

もう一つの例は、インターネットのバナー広告である。

私たちがよく見るサイトには必ずと言って良いほど広告がある。ブログでアフィリエイトをやっている人たちは広告をクリックしてもらうことが大事だろう。

そこで架空の商品名を使ったウェブページを作り、五十人ほどの大学生に次々に見てもらって好感度を調べた。実はこの研究は最初うまくいかず、好感度が期待したほど上がらなかったのだが、その原因は被験者が広告に注意していないことにあった。

その点を改良すると、最初は「珍しい」「奇妙だ」と感じていた商品名、たとえばレトルトカレー「辛え爆発」、シャンプー「アクアリア」といったような商品名（もちろん架空の名前）がだんだんなじめるものになり、十回ほど見た後には好意度が上がった。それだけではなく、そのモノを「買ってみよう」という気にもなったのである。(8)

あなたが何となく良い印象を持っているブランドは、実はいつも見ているサイトに出ているものではないだろうか。

単純接触効果のメカニズム

単純接触効果はどうして起こるのか？

心理学的には、「本当は好きになっているわけではない」と考えられている。好きになっているのではなく、繰り返して接することによって、脳がそのモノを効率よく処理するようになったと考える。

処理と言うと難しいが、「これは何だ？」「形は？　色は？　特徴は？」「何に使うの？」といったようなことをあまり考えず、すんなりとアタマの中に入ってくるということである（「知覚的流暢性」という）。

先に述べたように、単純接触効果は「見えた」という自覚がないモノにでも起こる。だから、自分としては「何回も見た」とは思っていない。それなのになぜ、すんなりとアタマの中に入ってくるのだろう？　どことなく親しみ（親近感）を抱くのはなぜだろう？

実は自分の潜在意識に記憶や印象が作られているからなのだが、その自覚がない。

だから、どうして親しみを覚えるのか、思い当たるフシがない。
そこで、「きっとこれはイイものだからだ」と「思い違い」をする（「誤帰属」という）。回りくどい説明ではあるが、いろいろな事実がうまく説明できるので、今のところこの「知覚的流暢性誤帰属説」が有力な説明である。

事実、脳の活動を調べてみると、単純接触効果が起きるときには、脳の情報処理が浅く、軽くなっている。

脳が注意力や記憶力を盛んに使って、いわば「いっしょうけんめい」仕事をしているときには「ガンマ・オシレーション」と呼ばれる脳波が出る。

人の顔写真に対して単純接触効果がはっきり見られた人の脳波を調べてみると、そうでない人に比べて、頭頂葉から後頭葉にかけてのガンマ・オシレーションの出方が弱くなっていた。(9)

それでは、こうやって信号が流暢に処理されるようになったときに、なぜ「好き」になるのだろう？

神経系の働きには「反復抑制」という現象がある。

図3：眼窩前頭皮質

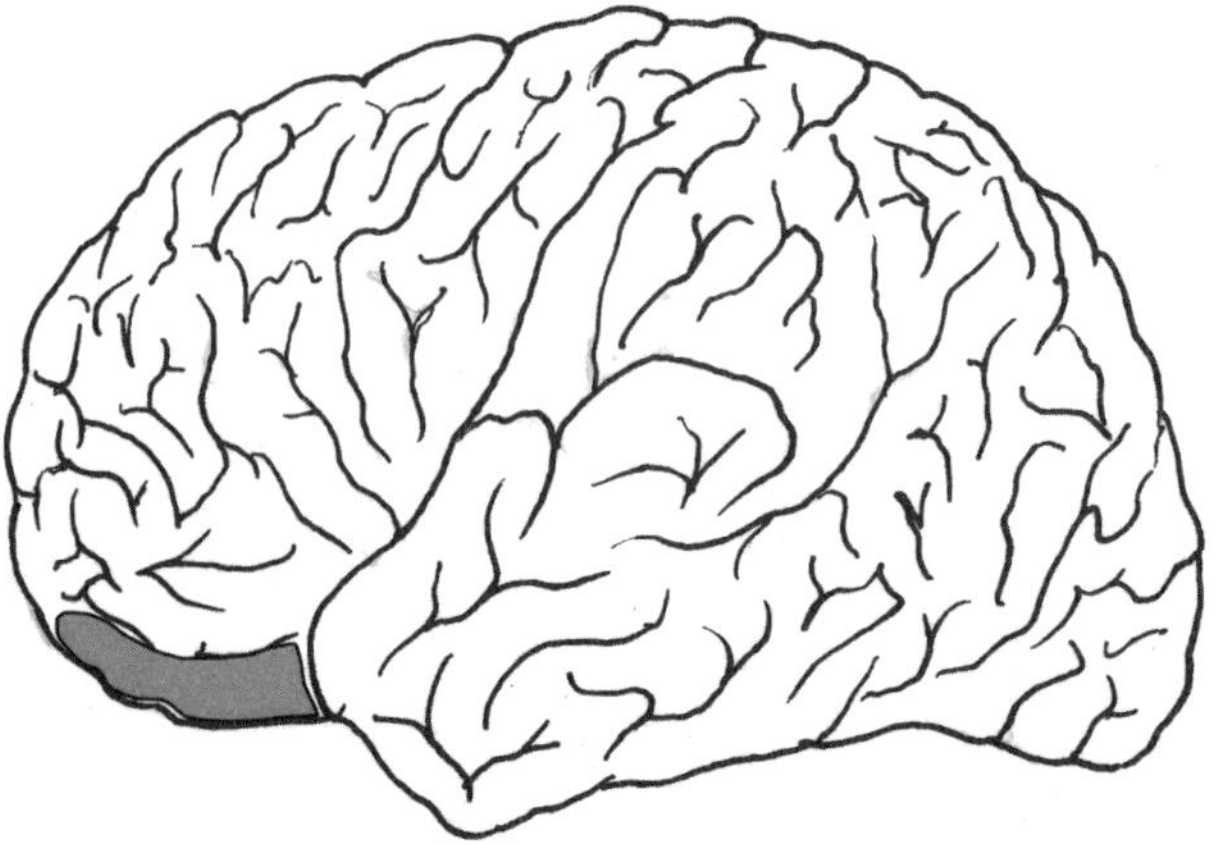

同じことを何度も繰り返していると、その情報処理に関わる神経系の活動がだんだん弱くなってくるのである。

単純接触効果が起こっているときには、脳の中の「眼窩前頭皮質」というところで反復抑制が起こる[10]（図3左下、影をつけた部分）。眼窩前頭皮質の位置は眉毛の後ろだが、反復抑制が起こるのは眼窩前頭皮質の中でも「外側」といわれるところ、眉尻の後ろあたりである。眼窩前頭皮質はいろいろな感覚情報を統合してものごとの感情的な価値を判断し、私たちが意思決定するのに大事な役割を果たしている。

その中でも「外側」という部分は、「嫌い」「警戒」といったネガティブな感情とのかかわりが深い。

その部位で反復抑制が起こると、何かを見ているときにいちいち警戒心のようなネガティブな感情が引き起こされない。それでだんだん「好き」になるのだろうと考えられる。

単純接触効果は実際に使えるか？

それでは実際に商品開発や企画に関わっている人は、この話をどう受け止めるのだろう？

まず幼児用の人形を開発しているメーカーの方に尋ねてみよう。

G「私が主に担当しているお人形の実際の使用者は一歳半～五歳くらいの女児です。単純接触効果は子供には非常に効くと実感しています」

H「そうですか？　それはちょっと不思議です。というのも、一般的には小さな子供では単純接触効果は出にくいと言われているからですが……」

G「購入者は親か祖父母で、実使用者と購入者が異なるのです」

H「なるほど、それならわかります。親に守られている子供は、見慣れたものよりも新しいもの、珍しいものに手を出す傾向が強いのです。『子供が世界を拡げる』という点では、たくましく生きて行くための原動力にもなることですから。ただし、小さな子供にも単純接触効果が認められるという研究報告もあって、はっきりしたことはまだわかっていないのが現状です[11]」

G「子供用のお人形は子供にも親や祖父母にもどちらにも訴える商品であることが必要です」

H「それはなかなか難しそうですね。単純接触効果が効くと思われたのはどういうときでしょうか?」

G「テレビ離れが進んできたと言われていますが、やはり子供はテレビで見たものは欲しくなるようです」

H「なるほど。子供の見るテレビ番組はだいたい決まっていますよね。その中で同じお人形のコマーシャルを流せば、それを何度も見ることになる。そういう番組は親も眺めているでしょうから、親の側にも単純接触効果が起こっているかもしれません」

G「最近の実例ではＹｏｕＴｕｂｅで商品で遊んでいる動画が人気になって、売れ行きが突然伸びた商品がありました」

H「それは面白いですね。動画を何回再生するかはユーザーしだいです。同じ動画を好きなだけ何度も見るでしょうから、自ら進んで単純接触効果を導いているようなものですね。小さなお子さんがそんなに何度もＹｏｕＴｕｂｅを見る、あるいは親御さんが見せるとなると、それはそれで問題かもしれませんが、ネット動画の宣伝効果も無視できないということですね……」

テレビ局の場合はどうだろうか？

Ｇ「実は当社では長年使ってきた放送局のロゴマークを変えたことがありました」
Ｈ「それはいつ頃のことですか？」
Ｇ「十数年前です。当初は非常に評判が悪かったのです。局名が入っているわけでもない、放送を連想させるようなものでもない、何だかわけのわからないシンボルマークのようなものでしたから」
Ｈ「最初評判が悪かった理由は、おそらく『典型性が低い』ということだったのでしょう」
Ｇ「典型性とは？」
Ｈ「珍しさと懐かしさのところでもお話ししましたが（第４章）、そのものらしさ、ということです。パッと思い浮かべるものと言ってもよいでしょう。たとえば、『果物』といった場合、リンゴやミカンは典型性が高いと言えます。それに比べてオリーブやアボカドは典型性が低いです」
G「たしかにデザイン的には奇抜でした。コンセプトは非常に立派だったのですが、パッと見ではコンセプトまでは伝わりません」
H「典型性は安心感につながるのです。安心感があると好感度や購買意欲が高くなります。[12]しかし、テレビ局のロゴマークにおける典型性と言うと、アンテナか、電波か、たいして面白そうなものはありませんね。それでそのロゴマークを出された後、どうされたのですか?」
G「とにかく評判が良かろうが悪かろうが構わず、ありとあらゆる場面に露出させました。放送の中で使うだけではありません。テレビ局の建物にもいたるところにそのロゴを出しました。記念品としてお渡しするバッグにも出し、クリアーファイルにも印刷しました」
H「それはまさに単純接触効果をねらった作戦と言えますね」
G「今は抵抗なく受け入れられているようです」
H「抵抗がなくなっただけではなく、好感度も上がっているのではないかと思います。ユーザーに詳細なコンセプトを伝える必要はないのです。コンセプトにうるさいのは会社の上層部でしょう。それは上層部が抱く納得感（第6章）の問題です。ロゴマークを見る視聴者にとって大事なのは『親しみ』だと思います」

かじりかけのリンゴはいたるところに顔を出す。パソコン、ｉＰｈｏｎｅ、ｉＰａｄ……アップルの製品には何でも「原点」と思えるところにリンゴマークがある。アップルストアには巨大なリンゴマークが輝く。一時期のｉＰｈｏｎｅのテレビコマーシャルなど、やかましい音楽に乗っかって人が踊っているだけで、どこの何のコマーシャルかわからないが、最後にあのリンゴが出る。リンゴの色は変わったがカタチは変わっていない。三十年以上あのままだ。単純接触効果も生じていることだろう。

単純接触効果は、モノやイメージに対して私たちが感じる効果である。つまり私たちを「主体」とすれば「客体」である。だが、モノを売る側としては「客体」だけ考えれば良いわけではない。もっと積極的に「主体」の方にも働きかけたい。その工夫を次の章で見てみよう。

第9章　法則その6～良い気分にさせる

買うか買わないかは気分しだい

モノを買う行為には常にカネを失うというリスクが伴う。

買う方としては、買ったモノにはその代価以上の価値があったと思いたい。

その気持ちを満たすために、売る側は何をすべきか？

それは買い手の気分を良くすることだ。


そこでまず大事なのは売り場の雰囲気である。店舗には買い物が楽しくなるような工夫が必要だ。この頃とくにその雰囲気の演出が凝ってきたようである。

たとえば私が本を買うために、わりと大きめの書店に行ってみる。するとそこには小ぶりのテーブルと腰掛などを置いたコーナーがある。

以前は「立ち読みおことわり」の雰囲気が漂っていたが、今は新刊本を手に取ってじっくり眺めることができる。

そこには観葉植物なども置いてあり、間接照明のやわらかな光の演出で、ちょっとしたオアシスの雰囲気だ。

たいていの本をネットで買うようになってしまった現在、「本屋に来る」ことは特別な体験でなくてはならない。

クルマや不動産のディーラーとなると、この「特別な体験」感を演出するため、つまりは買い手の気分を良くするためにさまざまな工夫をする。

座り心地の良い椅子、快適なディーリングルーム、こちらの言うことを丁寧に聞いてくれるセールスパーソン、おみやげにもらえるたくさんのノベルティグッズ……。

たとえ買わずに帰ったとしても無愛想にされたりはしないのである。行ってみただけで「面白かった」と思う。


売り場の雰囲気は、視覚、聴覚、嗅覚、触覚などへの働きかけで演出される。これをマーケティングでは「感覚的訴求」という。本章ではこのテーマを考えよう。

ラスベガスのカジノには週末に香りを漂わせるところがある。

何の香りかは企業秘密なので公開されていない。しかし、店内に香りを入れない場合の週末の売り上げ率が平日に比べて十六パーセントのアップだったのに対して、香りを入れるとそれがなんと四十五パーセントもアップしたという。(1)

日本にもいよいよカジノができることになってしまい、そうすると早晩こういうこともやるだろうからご用心である。

　また、ワイン売り場にクラシック音楽を流したときと、現在のヒット曲を流したときの顧客の行動を比べてみると、見たボトルの数と手に取って見たボトルの数は両者でそれほど違わなかったが、使った金額はクラシック音楽の方がヒット曲の約三倍も多かった[1]（表1）。

表1：ワイン売り場の音楽（文献9-1）

	クラシック音楽	ヒット曲
見たボトルの数	3.93	3.85
手に取って見たボトルの数	1.36	0.97
買ったボトルの数	0.12	0.07
購入額（ドル）	7.43	2.17
滞在時間（分）	11.11	8.97

　このとき、「クラシック音楽の高級感と高価なワインがマッチしたのだな」と思うのは、間違いではないが、浅い見方と言うべきである。

　顧客は単にワインという瓶入りのアルコール飲料だけを買ったのではない。静かな音楽が流れ、照明も少し暗く、温度や湿度もほどよく管理された空間にいるという体験も「買った」のである。単にワインと芸術音楽がマッチしたのではなく、ワインの値打ちに音楽の価値が上乗せされ、顧客はそれを買ったと見ることができる。

つまり、喜んでカネを出してくれる環境とは、特別な体験を売ってくれる場所である。買い手にとって代価以上の価値とは、そういう体験を含む価値のことである。

非日常的な体験を提供してくれる場を「劇場型空間」という。

劇場型空間をいかに作り出すかは現在のマーケティングのひとつの鍵である。近年オープンするデパートやショッピングモールは必ずそのことを考えて設計されている。劇場型空間は周囲から切り離され、その中では非日常的な「あふれんばかりの幸福感」が提供される。そこでは見ず知らずの人々とも同じ気分を共有できるが、その気分は生活実感とは関係ない感情的なものなのである。(2)

図1：IKEA 港北店（著者撮影）

ＩＫＥＡ

この考えをうまく取り入れたのが、北欧発の家具ショップ「ＩＫＥＡ」である（図1）。

ＩＫＥＡのショップに行ってみると、まず、大きな黄色いバッグを持ったり、カートを押したりしながら二階に上がる。

そこにはさまざまな生活場面を演出したショールームがある。「自転車のツーリングが好きな若いカップルのために」「ゆったりとワインを楽しみたいミドルのために」「遊び盛りのお子さんのいるヤングファミリーのために」と、細かく仕切られた展示コーナーそれぞれにテーマがあり、まるでその中で自分が生活しているかのような感じを抱かせる。

「このコーナーのものすべてで二万三千六百円」などと、宣伝も忘れていない。ところどころにディスプレイがあって、実際に自分の家に置いたらどうなるかがシミュレーションできる。「このコーナーのサービスを評価してください」というセットもあり、「納得させる」テクニック（第6章）も使われている。

このショールームには、床に矢印が描いてあって、いちおう「順路」が示されているが、私たちは右へ曲がったり左へ曲がったり、まるで迷路のようなフロアを歩かされ、いつしか方向感覚を失う。

ショールームを抜けると一階に下りる。ここは「マーケットホール」で、枕、クッション、照明器具、飾り物など、わりと小物が置いてある。その中にはさきほどショールームで見たものもあり、単純接触効果（第8章）を使うことも忘れていない。

このＩＫＥＡの建物構造は、ピンポイントで特定の商品だけが欲しいと思う顧客には向いていない。

だが、テーマパークにでも来たような気分でそぞろ歩きを楽しみ、良いものがあったら何か買おうか、と思う人や家族には向いている。

ＩＫＥＡがテーマパーク的なのも当然で、その構造には「グルーエン・トランスファー」というテクニックが使われているという。

この秘密はユニバーシティ・カレッジ・オブ・ロンドン（ＵＣＬ）のアラン・ペン教授（建築学）が二〇一一年一月の「ランチ・アワー・レクチャー」で明らかにした。この講義はＹｏｕＴｕｂｅで見ることができる。(3)

グルーエンとは、ビクター・グルーエン（一九〇三～一九八〇）というウィーン生まれの建築家である。アメリカに渡って、建築のみならず都市計画のプランナーとして活躍した。とくに郊外型のショッピングモールの「生みの親」とでも言うべき人であり、一九五〇年代から六〇年代にかけて、アメリカで三十近くのショッピングモールを設計した。

グルーエン・トランスファーとは、顧客の方向感覚を攪乱して、「これを買う」という明確な目的意識を失わせ、何を買うはずなのだったかをぼやかしてしまう方法で、ひいては衝

動買いを促すとも言われる。(4)

たしかに、ＩＫＥＡのショールームを歩いていると、「どこをどういうふうに歩いたか？」の記憶はあいまいになる。そうなると目の前に現れるさまざまなディスプレイが魅力的に見える。そこに「全部で二万三千六百円」と言われると「安いな」と思う。

ただし、グルーエン自身はショッピングモールの設計にこのような発想を使ったことを否定している。また、方向感覚を失うことが衝動性を高めるかどうかは実証されていない。それを思うとアラン・ペン教授の主張はＩＫＥＡに厳しすぎるかもしれない。

私の感覚からすると、ＩＫＥＡのショールームが訴えてくるのは方向感覚の喪失感よりも楽しさである。買うはずではなかったモノを本当に買ってしまうかどうかは別にして、ＩＫＥＡを訪れた人はテーマパーク感覚を楽しんでいる。それは「家具」という日常的なアイテムを扱いながら、どこか非日常のお祭り気分が味わえる感覚なのである。

良い気分になるとカネを使う

人間は良い気分になるとたくさんカネを使う。

このことは実験ではっきりわかっている。

この実験ではトランプのようなゲームをやってもらい、「勝ち」の出る回数を操作して、その後の感情と賭け方を調べた。それによると、前半戦に勝つと良い気分になり、後半戦では負けが多くなるように操作されていたにもかかわらず、多くの金額を賭けるようになった。[5]

また、別の実験では、コンピュータ上でサイコロを使ったゲームをやってもらうのだが、その前にコメディ映像を見たときと、ドキュメンタリー映像を見たときとで賭け方を比較した。コメディ映像を見て、ドキュメンタリーの場合と比べて本当に楽しくなった人たちは、勝った後には大きな賭けをするようになった。これに対して負けた後には手堅い勝負をするようになっていた。[6]

勝った後の行動は投機的になり、大きな賭けに出るようになる。これは何となく納得できる。使えるカネは増えているし、もう一度こんな良い気分が味わえるかもしれないという期待も働くからである。

それでは良い気分のときに負けるとなぜ手堅くなるのだろうか？

これについて詳しいことはわかっていない。だが、「今の楽しい気分を損ないたくない」という「感情予測」が働いたのだろうと考えられている。

良い気分だと投機的になる脳

どうして良い気分のときには気が大きくなって、大きな賭けをするようになるのだろうか？

それには（ここでも）脳の報酬系がからんでいる。

ある実験では、ヘテロセクシャルの男性にエロティックな写真を見せて（図2）、「良い気分」を誘導した。(7)

この程度の写真で良い気分になるのか……アメリカの被験者は単純なのだろうかと思うが、この実験に参加した15人の男性は実際にそうなった。

そうすると、お金を賭けるゲームでたくさんの賭け金を積むようになり、リスクをかえりみない傾向が見られた。

そのときの脳の活動を調べてみると、側坐核が盛んに活動していた。側坐核は、前にも述べたとおり、報酬の価値を値踏みし、予測よりも大きな報酬がもらえると活動する。

だが、この実験の面白いところは、当面の課題（ゲーム）とは関係のないもの（色気のある写真）を見ても、報酬系が活性化されると行動が大胆になったということにある。

こういう心理は報酬系のドーパミンと関係がある。

人間も薬理的にドーパミンを活性化させると投機的になる。

ある実験ではドーパミンを増やす「Ｌ‐ドーパ」という薬を被験者に飲んでもらった。この薬は本来はパーキンソン病に使う薬である。実験の目的でこういうことをやって良いかどうかは議論のあるところだが、この実験の主な狙いは「ギャンブル・アディクションの治療」だった。だから倫理的にも学術的にも問題ないとされたのだろう。

図２：こんな図柄で投機的な気分に…（文献9-7）

さて、Ｌ‐ドーパを飲んでもらってから、持ち金が倍になるか、あるいはゼロになってしまうゲームをやってもらった。

結果は予想通りで、Ｌ‐ドーパを飲んでもらうと大胆な賭けが増えた。このとき数理的なモデルを使って結果を詳しく解析してみると、損得に関係のない「ベースライン」の行動が投機的に変わっていた。つまり、損をしたから取り戻そうとか、儲かったからもっと賭けようとかいう行動が増えたのではない。損をしても得をしても、とにかくたくさんのカネを動かしたがるようになっていたのである。(8)

現場では「良い気分」をどうやって演出するのだろうか?

玩具メーカーの人からこのように聞かれた。

G「買い手に良い気分になってもらうといい（売れる）というのは、高額な商品の場合でしょうか?」

私はこのときクルマを売るとか住宅を売るとかいう例を出したので、このように思われたらしい。

H「そんなことはないと思います。実験例では『投機』という言葉を使いましたが、実際に実験室のゲームで動かしている金額はそんなに大きくないです」

そうするとこのように聞かれた。

G「人形の場合、目がどちらを向いているかが買い手の気分に影響を与えると思いますか？」

しばらく考えて私はこう答えた。

H「それは大いにあり得るのではないでしょうか」

するど話はこのように続いた。

G「以前面白いことがあったのですが、女の子むけのお人形には、視線が横を向いているものが多いのです」

H（人形のサンプルを見る）「あ、本当だ。有名な人形の顔を見ると、視線は横に向いていますね」

G「こういう人形は私たちが想定している人形よりも対象年齢が少し上なのです。そういうお子さんが遊ぶにはこれで良いのかも知れませんが、私たちが作っているのは抱き人形です。抱き人形の場合、モニターの反応を取ったところ、視線が横を向いているものは不評でした」

H「なるほど、抱っこしてみたときに目がそっぽを向いているのは、あまり心地よくないのかもしれませんね」

G「幼い子供は視線がしっかりこっちを向いている方が認知しやすいようです。母親から見

図3：視線と表情の認知（文献9-9）

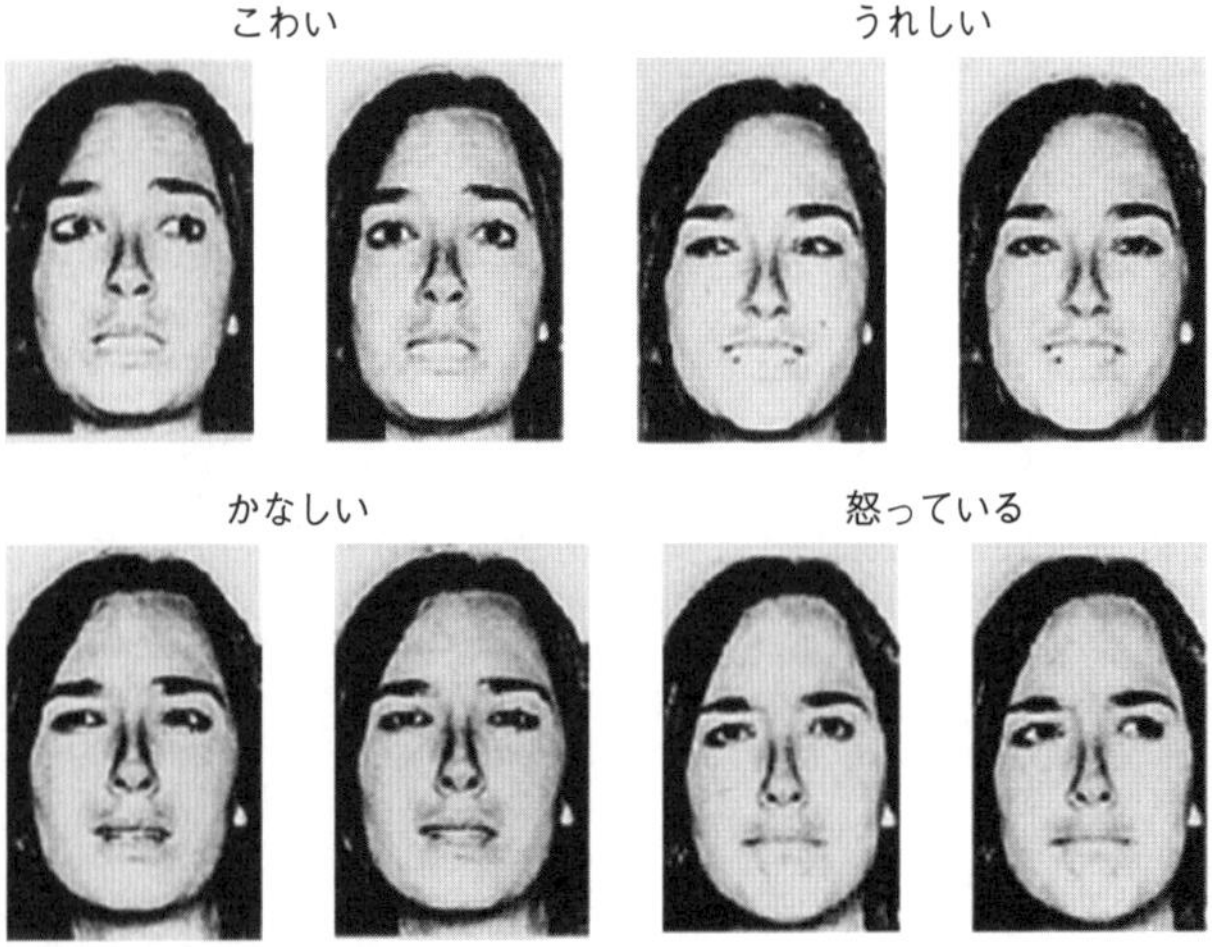

ても『抱き人形』の目はきちんと人と向き合う方が感じが良いとのことでした」

H「なるほど、御社の人形は目が大きく、しっかりこっちを見ていますね。それに、よく見るとわずかに微笑んでいるような感じがします」

G「その通りです」

H「それで良い気分が誘導されたのでしょう。人間の表情の認知と視線には面白い関係があります。よろこびの顔と怒りの顔は、視線がしっかりこちらを向いている方が認知しやすいのです。それに対して、恐れの顔と悲しみの顔は、視線がこっちを向いていなくて、横にそれている方が認知しやすいのです[9]（図3）」

G「視線の演出だけでも買い手の気分は相当変わるようですね」
H「そうだと思います。御社のこの製品の顧客層は、まっすぐこっちを向いている目で良い気分を得ることができたのでしょう」

テレビ番組の場合、見ている人を良い気分にさせる方法があるのだろうか？　そしてそれは有効なのだろうか？

G「良い気分を演出するということでは、懸賞の企画が該当すると思います」
H「テレビ番組に懸賞なんかあるんですか？」
G「あります。当社では現在六本の番組に懸賞企画があります。スポンサーからのプレゼント、番組オリジナルグッズ、ゲストからのプレゼントなど、いろいろなものがあるのです。ポイントを貯めると応募できるというものまで含めるともっとあります」
H「これは『番組を見る』という行為のギャンブル化（第7章）にも通じますね。それが視聴者の気分に影響しますか？」
G「すると思います。見ている人が得をする、見た人だけのために提供する、というスタンスでやるからです」
H「番組に付加価値をつけるわけですね」
G「私たちはマス（大衆）を相手にしていますが、常に、テレビの向こうの『あなた』『あなた一人』を意識します」
H「そういう意味では懸賞以外の方法もありそうですね」
G「あります。最近増えたと思います。いわゆる視聴者参加型というものですが、たとえば当社では毎年春と秋に二回放送している大型クイズ番組、これにはたくさんの芸能人が出演しますが、番組を見ている人にもリモコンを使ってクイズに挑戦してもらいます。ランキング一位になるととても良い賞品がゲットできます」
H「テレビとインターネットがシームレスになったから可能になった形態ですね」
G「これは他局でもやっているのですが、ツイッターで番組に参加してもらうこともあります」
H「自分の投稿が画面に出るとうれしいのでしょうね」
G「私たちは何とかして視聴者が番組に参加している感じを作ろうとします。それが『良い気分』につながると考えているからです」

「良い気分」にはいろいろと良い効果がある。

創造性が高まり、注意の幅が広がり、考えごとの柔軟性が高まり、素早い判断ができ、運動のパフォーマンスがあがる。(10)

アップルは買い物が特別な体験だと思わせるテクニックにたけている。アップルストアのまるでブティックのような雰囲気はぶらりと入ってみるだけで良い気分になる。パソコンやｉＰｈｏｎｅの過剰な包装は処分するときに困るが、「これを開けると何が出てくるのか」という期待を盛り上げる。

アップルが今のクラウドサービスの前身になるサービスを始めたとき、スティーブ・ジョブズからのメールが私に届いた。多くのＭａｃユーザーに配信されたと思うから、それを覚えている人もいるだろう。

もちろん本人からではないだろうが、二〇〇〇年一月十八日の日付のあるその絵はがきメールにはモネの『アルジャントゥイユのひなげし』の絵があしらわれていて、「新しいサービスをチェックしてください」とあり、「Best, Steve」と結ばれている。

まるで友だちに気軽に送ったようなそのメールは、どうせ何万通も送ったのだろうと思っても、たしかに普通の営業用の「お知らせ」に比べるとインパクトがあり、何かユーザー感覚をくすぐられるような感じがした。

それは「スティーブ・ジョブズ」という個人の顔がちょっとだけ見えたような感覚だった。

私たちが最後に頼るのはそういう「人の力」、ヒューマンパワーなのである。

第10章　法則その7～「他者の力」で売る

ホームパーティで「売る」

ＩｏＴがこれほど発達した現在、私たちの周囲から「人間」の姿が消えていくように思われるが、実はそんなことはない。

今ほど「人間」が大事になってきた時代はないと言える。

人間にとって人間は全く特別な存在だ。

モノを売るのも人間、買うのも人間。売る人の「顔」が見えると私たちは安心する。

人間の力を使ったセールステクニックは、やはりアメリカで伝統的に使われてきた。

それは「パーティ・プラン」と呼ばれ、一九三〇年代から有名になった。

パーティ・プランではホームパーティのような集まりを開く。

そこで「売り手」が新しい商品の宣伝をする。お客はそれを買っても買わなくても良いが、参加するだけで何かクーポンがもらえる。それでその商品や企業とのつながりができ、結局その企業の販促の対象になる。

「売り手」はもちろん自発的にやっているわけではなく、それなりの報酬をもらう。

日本にはこういうホームパーティという文化がないから、これがそのまま根付くとは思われない。それに、このやり方は悪くすると連鎖販売取引（いわゆるネズミ講）にひっかかるおそれもある。

だから慎重に考えなくてはならないのだが、アメリカではこういう方法の実践も研究も積極的に進められた。

一九七〇年代になると「ワード・オブ・マウス（WOM）」マーケティングということが言われるようになった。これはいわゆるクチコミのことである。

アメリカにはWOMを応用して成功した企業がある。「ハウスパーティ社」といい、二〇〇五年に創業された。二〇一七年現在、ハウスパーティ社の株は「買い」銘柄になっており、順調に成長を続けている。

ハウスパーティ社の本体はパーティやイベントのプランニング会社である。クライアントは商品を売りたい企業や宣伝したい企業で、ハウスパーティ社がクライアントと顧客の間をつなぐ。

ハウスパーティ社のサービスには主に三種類あって、なかなかうまくできている。

まず「チャッターボックス」というのがある。これはネット上に展開されるバーチャルなコミュニティで、新商品のサンプルをもらい、自分で使って、その経験や評価をコミュニティの中で共有する。

次に「ハウスパーティ」。これが中核のサービスである。ハウスパーティ社と契約してトレーニングを受けた人が中心になって実際にホームパーティを開き、それを仕切る。

三つ目は「エバーグリーン」という。これは長期的なフォローアップのプログラムで、実際にはチャッターボックスとハウスパーティを継続的に使ってインフルエンサー（後述）のスキルを育て、販促を続ける。

ハウスパーティ社のクライアントは日用品や食品の企業にとどまらない。テレビ番組や書籍の中にもパーティ形式で宣伝し、効果をあげたものがある。

正直なところ、私なんかは「そんな宣伝半分のパーティが面白いのかな?」と思う。

しかし、ハウスパーティ社の実例を調べてみると、たとえば「醤油を使ったクッキングパーティ」というのがある。このクライアントは実は有名な日本企業である。その話を聞くと、美味しくて楽しそうな雰囲気が伝わってきて、タダ酒が飲めるならば行ってみるのも悪くはないかという気もする。

クチコミの力

言うまでもなく、クチコミの力は大きい。

今やそのクチコミの範囲はネットの世界に広がっている。

近頃は私自身、インターネットでホテルやレストランを予約するときや、本やパソコンの周辺機器を買うときなど、ついつい「ユーザーレビュー」を見てしまう。

インターネットのない時代はどうやっていたのか、ちょっと思い出せないほどである。

おそらくその頃は、新聞や雑誌などの記事を参考にして、評論家やその道の権威の意見を参考にしたのであろう。

しかし、今クチコミを投稿しているのは、そういった権威者ではない。誰もが自分の感想や意見を投稿できる。

それを読み、しかもそのレビューを買い物の参考にするとなると、ここには「権威から普通の人へ」という流れが起こっているわけである。

もっと言うと、それはただの「普通の人」ではない。

クチコミの影響力の強い人を「インフルエンサー」という。ネットの世界ではブログサービスが盛んになった頃からこういう人々が出てきた。企業がこういうインフルエンサーを介して消費者に影響を与えるテクニックを、「インフルエンサーマーケティング」という。これは間接的な販促方法ではあるのだが、近年その力が注目され、活用されるようになった。

インフルエンサーとして大きな力を持つのは、自分と同じような商品やサービスに興味を持ち、それを自分よりも一足はやく試した人である。そういう人々の投稿が参考になる。彼らは、ある意味で自分の「仲間」と言える。つまり「権威から普通の人へ」という流れは、実は「権威の力から仲間の力へ」と考えても良いようだ。

もっとも、いつもユーザーレビューが参考になるとは限らない。

私が実際に経験したことで、心当たりのある方もおられるのではないかと推察するが、ある本のレビューを見ると、発売と同時にたくさんの「五つ星」が並んでいた。内容もほぼ絶賛である。

「そんなにいい本なのか?」と思いつつ、レビューワーの履歴を見てみた。そうすると、そのレビューワーが書いた記事は全部この出版社のものであり、それらは全部「五つ星」なのだった。しかもこういう人は一人ではなかった。同じ出版社の本を絶賛するレビューワーが

図1：ユーザーレビューと売れ行き（文献10-2より作成）

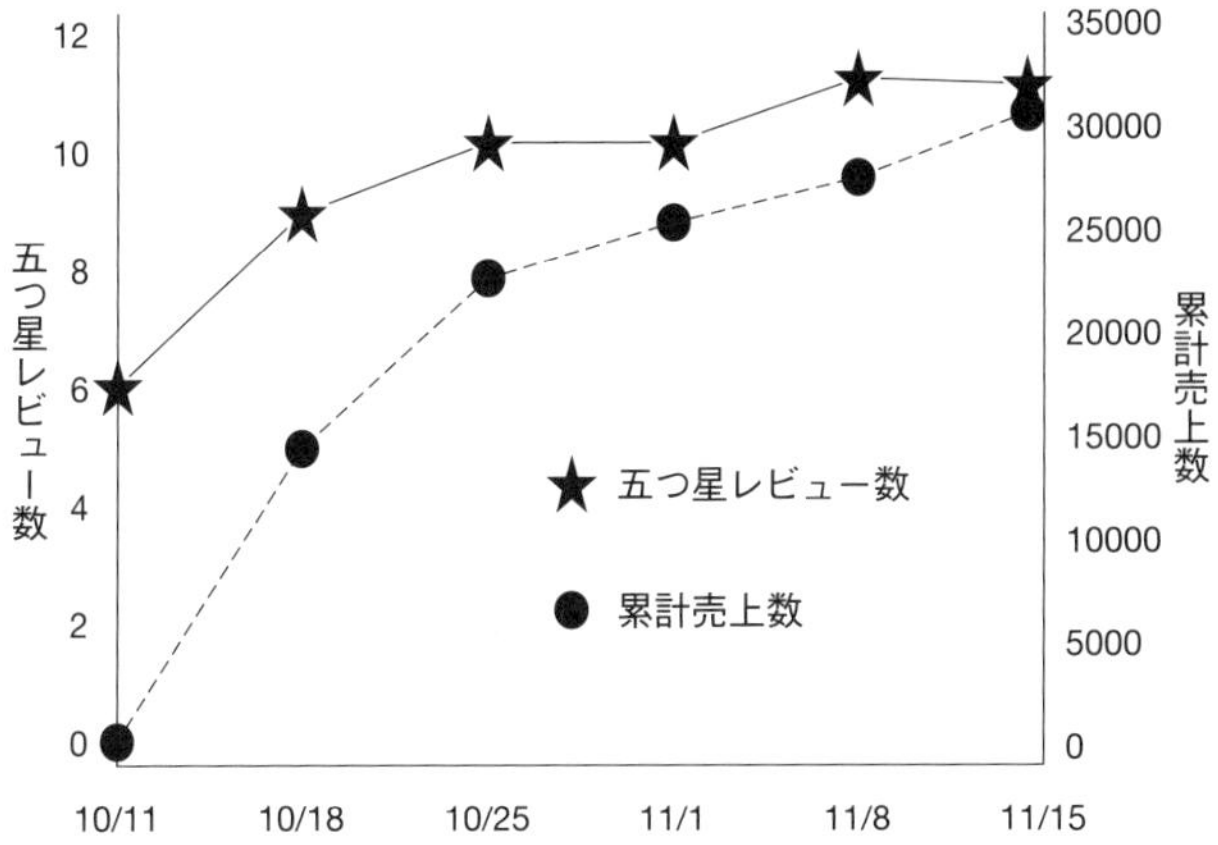

数人いた。

こういうのは「動員されているな」とすぐにわかる。ただ、それを知るためにはちょっと深入りして調べる必要がある。

動員された「五つ星」は逆効果だが、実際に調査してみると、通販サイトで評価の高かったものはやはり売れている。[1]「五つ星」の評価が増えると、それにワンテンポ遅れる形で売り上げも追随して伸びる[2]（図1）。

面白いことに、ここでも影響力があるのは「権威」ではない。

このサイトで、「このレビューは参考になった」というフィードバックをたくさんもらっている人を「ベストレビューワー」というが、ベストレビューワーの評価と売り上げとは関係がなかった。売り上げに関係があったのは星の数と、「このレビューは参考になった」という評価の数であった。

ネットのクチコミを読むとき、私たちが参考にするのは、中立性、専門性、類似性である。(3)

中立性の話はすでに書いた。

権威の時代ではないとはいえ、専門性も参考になる。とくに複雑な商品の場合がそうだ。たとえばパソコンなどがこれに当てはまるだろう。普通のユーザーはパソコンの性能を極限まで使うことはない。だから、似たような製品のどれが良いのかわからない。そこでベンチマークテストのようなことをやっているサイトがあると、その結果は参考になる。

金融商品もそうである。この取引に精通するのは容易ではない。やはり専門家の意見を聞かなければダメだろう。

しかし、一般的には類似性、つまり、レビューを書いている人が自分と似たような人かどうかを判断材料にすることが多い。

その例を挙げてみると、たとえば美容液がある。美容液の場合、ユーザーの年齢や肌の質によって好みが大きく変わる。そこで参考になるのは自分と似た人の意見である。

マンションを購入する場合もそうだ。東北大学とリクルートの共同研究によると、マンションを買うときに参考にするのは、「生活レベルが自分と同じような人の意見」や「住まいに対する価値観が自分と似ている人の意見」「年齢や家族構成が自分と近い人の意見」だった。「業界関係者・専門家など」や「不動産や建築の知識が豊富な人」よりも、自分と似た人の意見の方が影響力が大きいのである。

こうなると、レビューを信頼してもらうためには、個人情報保護に抵触しない範囲で、レビューワーがどういう人なのかを開示してもらうことが大事になる。

それも、たとえば「四十歳」「子供二人」「趣味は釣り」といったような個々の特徴だけでなく、「休日には子供を連れて釣りに行くのが好き」というふうに、いくつかの特徴の組み合わせが自分と似ている場合に影響力が強くなる。

そういうことを調べた研究もある。その成果をうまく応用したのが日産自動車の「ユーザーボイス」である。(4)

ユーザーボイスは「カテゴリ／車種」「評価ポイント」「オーナータイプ」「利用シーン」の条件を指定して検索できるから、自分と似た人をすぐに探すことができる。

その内容はというと、「愛車の自慢を投稿しよう!」と呼びかけているから当たり前ではあるが、評価のほとんどは最高点の五つ星である。だが、読者は星の数よりも書いてある内容を重視する。

投稿者へのインセンティブとしては、毎月抽選で十人に千円のクオカードが当たる。厳しい見方をすれば、ここで中立性が若干損なわれていると言えないこともない。しかしこれは通販サイトの話ではない。しかもユーザーボイスは「購入検討サポートサイト」の中の「クルマ検討ツール」の、さらにその中に埋め込まれている。あくまで「多くの情報の中のひとつ」というスタンスで情報が提供されているのである。

人間の力:「やってはいけない」のあれこれ

ところが、人間にとっては人間が全く特別な存在であるがゆえに、人間の力が圧力として作用することもある。

社会心理学の有名な実験では、左図のような長さの違う棒を見せて(図2)、「左側と同じ長さの棒はどれですか?」と聞いた。こんなものは誰が見ても左端に決まっているが、その場にいる人がみな口々に「右端です」と答えると、何かおかしいなと思いつつも、ついつい

図2：集団の圧力

左の棒と同じ長さのものは？

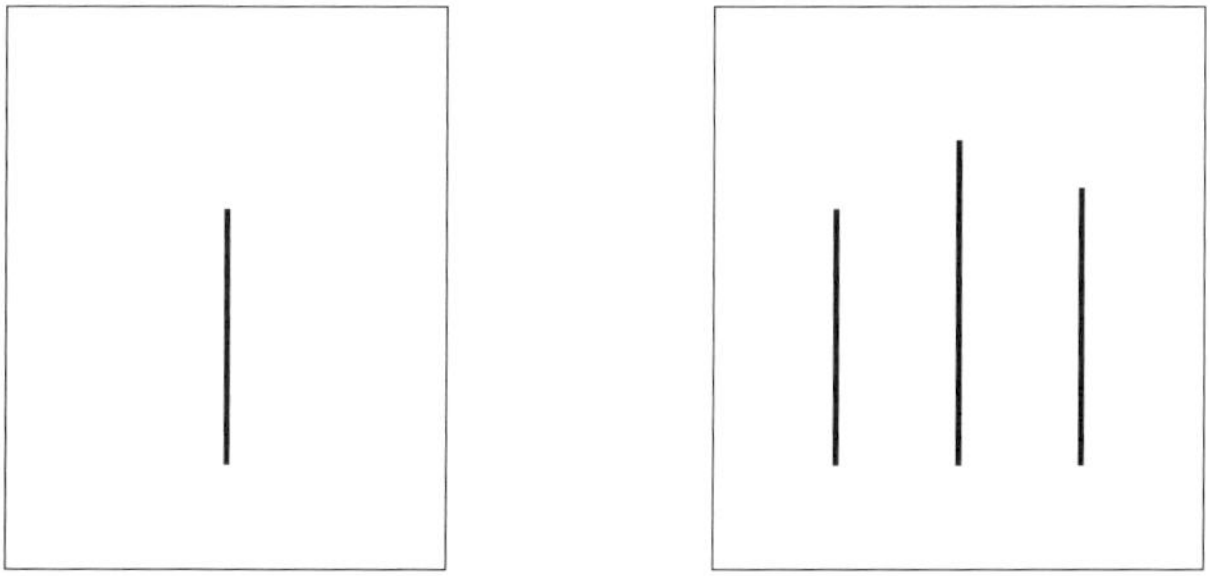

「右端」と言ってしまう。実はその場にいた人々はサクラなのだが、それを知らないからこういうことになる。

　この実験にはいろいろとからくりがあって、サクラは正しいことも言う。ときおり間違いを言うので、被験者としては「えっ?」と思いつつも同調してしまう。また、自分の意見を言うのが最後になるように仕組まれている。サクラの数は多ければ良いというわけではない。三人もいれば十分である。

　私たちには「仲間はずれ」を恐れる心理がある。仲間はずれにされたときには本当に脳が「痛み」を感じている。だから、自分に不利なことでも、望んでいないことでも、ついつい「仲間」に屈してしまうのだ(5)。

　こういうことをマーケティングに使ってはいけない。本書は「悪い方」を話題にするのが目的ではないが、賢い消費者になるために、また、売る側としてはコンプライアンスを問題にされないために、「やってはいけないこと」についても少し考えておこう。

高額の金融商品を売りつける悪徳業者の手口を分析した研究によると、(6) そのセールスパーソンは最初はいかにも好感の持てる話しぶりをする。ところが肝心なところは立板に水を流すように早口で専門用語を交えた説明をし、「知らないと思われたくない」という顧客の見栄を悪用する。

それに乗せられてよくわからない契約をしてしまうと、そのうちに損が出る。

ここが大事なところで、損をするとネガティヴな感情が起こる。そういうとき、私たちは思考の柔軟性を失う。身体にも変化が起こる。冷や汗が出たり、心臓がどきどきしたり、ぼうっと現実離れした感覚が起こったりする。そうなると私たちの注意は自分の身体に集中してしまい、まわりの状況が見えなくなる。

これがまた、相手につけこむスキを与える。

このとき、「結局、この状態を何とかしなけりゃならないし、何とでもできます」「ぜったい大丈夫です」「もう何人も助けてきてる。まかせてください」などと畳みかける。そうすると、もう一度この人に頼るほかはないと思ってしまう。これは「思考の焦点化」という現象で、もともと悪い意味に使う言葉ではないのだが、悪用されるとおそろしい。

買い物はおおらかに、ゆったりした気分で、商品のメリットもデメリットもじっくり検討したうえで行うべきだ。もちろん、良いモノを作って売る会社はそのことをよく承知している。

社会脳

人間は他者の顔色を読み、意図を察知して、それに応じた行動を取る。ますます複雑化する人間関係は、現代人にとって難題である。職場であれ地域社会であれ、人間関係の調整はたいへんだ。相手のことを思いやり、適度な距離を保ち、相手を傷つけずに自分の主張を通す。そういうときには脳がフル回転している。

人間がこんなに巨大な脳を持ったのは、複雑な人間関係に対処するためだったという説がある。これは「社会脳」の仮説と呼ばれる。

その根拠のひとつが、いろいろな霊長類の大脳皮質の大きさである。脳の基幹部分に対する大脳皮質の相対的な大きさを比べてみると、群れが大きい種ほど大脳皮質が大きい(7)。大きな大脳皮質は高度な理性に関係があると思われており、その高度な理性は他者との関係を調整するために必要だったのかもしれない。

人と人の「つながり」や「きずな」が大事と思われるようになった今日、「社会脳」は神経科学のホットトピックのひとつで、協力、競争、共感、正義などたくさんのテーマで研究が進んでいる。

嗜好と共感

私自身が関わった例を紹介しよう。これも「共感」に関係がある。

この実験は嗜好品を好む心理を探ろうとしたものだった。

ビールやコーヒーといった嗜好品は、健康に悪い面もあるが、心理的には開放感や充足感を与えてくれる。そういう効果の背景を突き止めようとしたのである。

この実験では、ビールやコーヒーをいろいろな場面で飲んでいる動画のクリップを作って、それを見ているときの脳の活動をｆＭＲＩで調べた。

予想としては、そういうものを見たときに報酬系が活動するだろうと思ったのである。ところが、残念ながら報酬系の活動ははっきりとは見えなかった。図３はそのときに撮影した脳のｆＭＲＩ画像である。

図3：嗜好品の動画を見たときの脳の反応

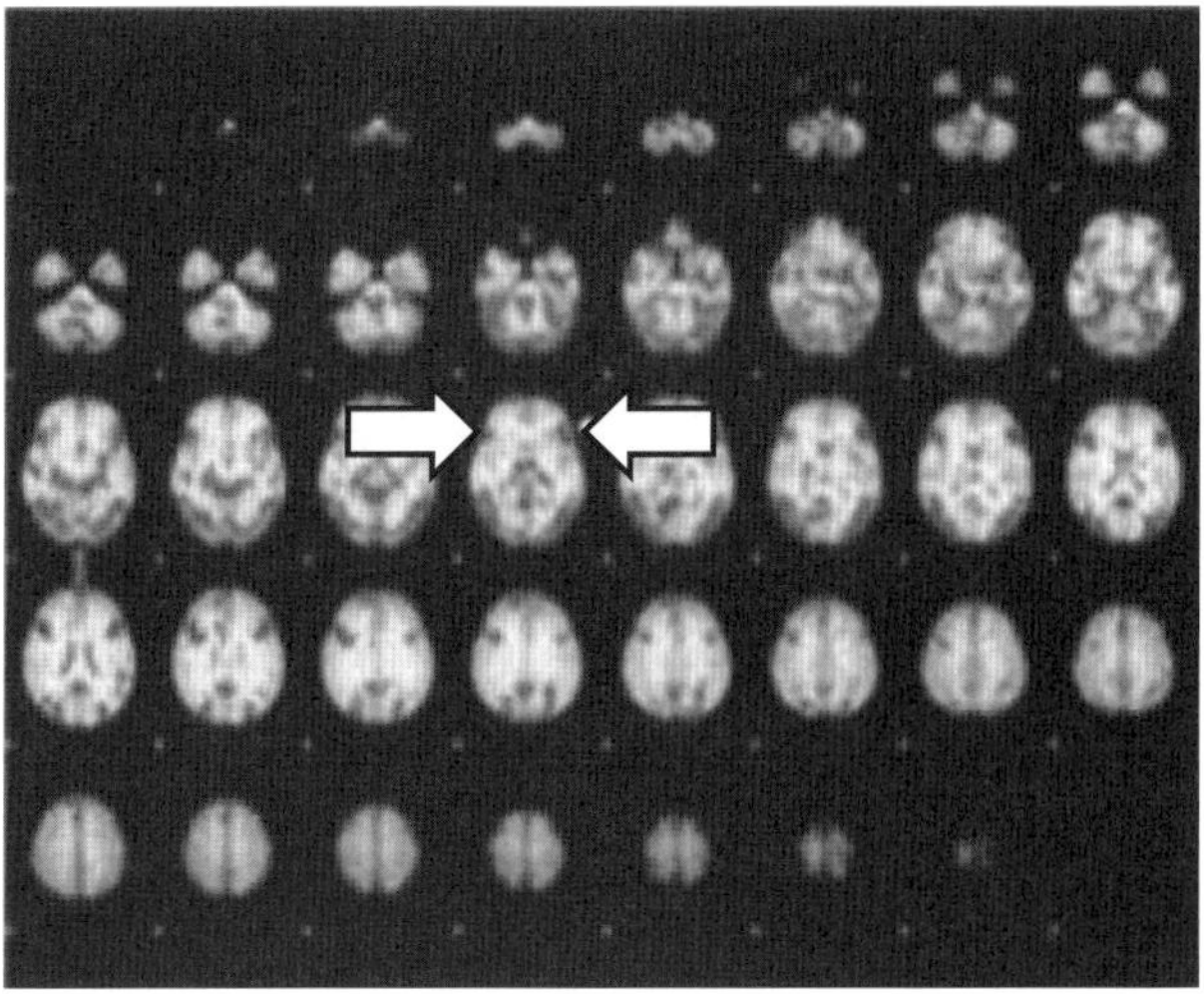

上の行から下の行に向かって、脳を底の方から順次水平断面で切ったものである。図が小さくて申し訳ないが、全部お見せするのが業界の常識だからだ。それは「都合の良いところだけを恣意的に切り取った」と言われないようにするためである。

本当はカラーでないと、どこが活動していたかわからないのだが、図の中に白い矢印を入れて示したあたりの領域では、わりとはっきりした活動が見られた。

ところが、当然ながら脳の画像に「どこ」という部位の説明はついていない。この矢印が示す部位は何なのか、構造図を参照していろいろ議論をし、専門家の意見も聞いて「場所さがし」が続いた。

そのうちに共同研究者が「どうやら『ブローカの言語野』らしい」と言い出した。

「ブローカの言語野？　そこは壊れると言葉が話せなくなってしまうところだ……。しかも左半球のはず。何で左右両方のそんなところが嗜好品に？」

そこでまたいろいろ調べて話し合った。

するとあるとき彼が「これはミラーシステムではないか」と言い出した。

ミラーシステムとは何か？


それは一九九六年にイタリアの研究者が発見した「ミラーニューロン」を拡張した考えである。

彼らはサルの神経細胞（ニューロン）活動を調べていて、自分が手を動かして何かを取るときと、他者が手を動かして何かを取るのを見たときとで同じ活動をするニューロンを見つけた。

あたかも「鏡に映っている自分を見ているようだ」という意味で、このニューロンは「ミラーニューロン」と名付けられた。

もともとはサルの運動前野で発見されたが、今では単一のニューロンというよりも、かなり多くの脳部位の活動を巻き込んだ「システム」であると考えられている。それで「ミラーシステム」と言うのである。(8)

このシステムは相手の意図を察したり、相手の行動を模倣したりすることに関係がある。だから共感の芽生えがここにあるという意見もある。

そこでブローカの言語野に話を戻すと、たしかにここも人間のミラーシステムの一部のようだ。

だが、私は「それなら動作に反応したのではないか?」と思っていた。

しかし彼はもっと積極的で、他人がコーヒーを飲むところを見ると、自分が飲んでいるときの気分を思い出し、他人と同じ気分を分かち合えるのではないかと考えた。

彼の意見では、ミラーシステムが活性化されるかどうかを広告や商品の評価に使ったらいいと言うのであった。

私は「そこまでは無理だろう」と思い、そのままにしておいた。

ところが、びっくりしたことに、彼とそっくりのアイデアで、二〇〇九年に消費者のテレビ視聴行動や購買行動に関する市場調査で知られるリサーチ業界大手のニールセン社がアメリカの特許を出願した。(9) わがチームは、私に先見の明がなかったせいで、完全に出遅れてしまった。

ニューロマーケティングの業界の競争も厳しいのである。

「他者の力」はどのように応用できるか?

そういう苦い経験はあったが、「人とのきずな」はマーケティングにとって大切なキーワードである。

子供にとって「おもちゃの人形で遊ぶ」ことはとても大事で、家庭生活や社会生活の模倣になる。その遊びの中で子供は社会的な役割を演じ、他者とのコミュニケーションや協力を学んでいく。

H「同調や共感の話が主だったのですが、『社会的報酬』という考えもありまして。他人から認められる、ほめられるといったことは、実際に脳の報酬系を活性化させるのです。こういったことも同調や共感の基礎かもしれません」

G「それでピンときたことがあるのですが、親が子供に玩具を与えた時に『子供が笑顔で楽しそうに遊んでいる姿』や『その玩具でわが子が遊んで可愛く見える』ことは、とくに母親にとって価値があり、買って良かったと思うようです」

H「それを実際に応用されることがありますか?」

G「あります。デパートなどのおもちゃ売り場には、必ずその近くに子供が遊ぶスペースがあります。そこに商品のサンプルを置いておきます。売り場のサンプルで子供が夢中で遊んでいる姿を見て購入に至るケースも多いです」

H「あれは単なる遊び場ではなく、販促の場でもあるということですね」

G「そうです。あとは、友だちが持っている、友だちと一緒に遊ぶといったことも購入理由としてかなり多く挙がっています。また、私たちの作っている商品は人形ですから、コミュニケーションという要素は商品に深くからんでいると思います」

H「それでちょっと面白い例を挙げると、戦後間もない一九五〇年代にまず流行した女の子のための『ミルクのみ人形』というものがあって、このときの人形は金髪碧眼でした。しかし御社の現在の人形を見ると、茶髪で黒目です。一九五〇年代には私たちはアメリカを理想のように見ていて、玩具にもその影響があったのでしょう。しかし、それがだんだん減ってきて、日常的なもの、身近なものになったのではないでしょうか。もしかしたらここに『理想から共感へ』というトレンドの変化があったかもしれません」

私は飛行機で旅をするときに落語や漫才のチャンネルをよく聴く。

これは実際にお客さんを入れて録音しているようで、良いところで笑い声が入る。あの声がなければ、ああいう番組は面白くないものだ。テレビ業界の事情も聞いてみよう。

H「私自身もテレビ番組に出演したことがあります。もっともこれは、会社の広報から話が来て、社の仕事としてお受けしたもので、出演料は私の手元には入らなかったのですが、そのとき驚いたのは観客役の人がいたことです」

G「何人ぐらいいましたか?」

H「三十人ぐらいでしょうか。この人たちは画面には映らないのです。スタジオの暗いところに座っています。でも、最初に司会者の弟子のような人が来て、笑う練習とか、歓声をあげる練習とかをするのです」

G「それはタレントの卵のような人たちです。演技や踊り、歌などの勉強をしながら、現場体験ということでアルバイトで収録に参加してくれます」

H「かなり拘束時間も長いのによくやりますね。本番ではとくに合図とかはないのに、いかにも自然に、しかもしょうしょうオーバーに、『えーっ』と驚いたり、笑ったりしていました」

G「それがあなたのおっしゃる共感を作っている部分でしょう。もともとはアメリカから来たものです。業界では『笑い屋』と言います」

H「そういえばアメリカのコメディ番組は実にいいタイミングで笑い声が聞こえたものですね」

G「あれの多くは別のところで録音していたのです。どのタイミングでどの笑い声を入れるかをディレクターが調整していました。テレビを見るのは孤独なことですから、どうやって視聴者をこちらの世界に引き込むかは大事な問題です。私たちは別途で収録するようなことはやっておりませんが、テレビに映っているタレントさんと、お茶の間でそれを見ている視聴者とをつなぐ役割の人が必要だと思っています。それで、テレビには映らない『共感係』のようなものを雇うのです」

アップルには「ユーザーグループ」というものがある。ユーザーグループには知識の豊富な人から、iPhoneしか使っていないというビギナーまでいる。そこで何が行われているかというと、高度な使い方の手引きあり、アート展のようなイベントあり、ただのお楽しみもある。二〇一七年十二月二十日現在、日本全国に百二十四のユーザーグループがあって、定例会を開いたり、メーリングリストで情報を交換したりしている。

アップルはその活動をとくにコントロールはしていないが、ユーザーグループは登録される仕組みで、どこにどういうグループがあってどういう活動をしているのかをアップルのホームページで知ることができる。ユーザーをつなぎとめるためにはうまい戦略と言えるだろう。

商品やサービスは人と人をつなぐ。

茶器は単なる飲料カップではなく、茶室での亭主と客の一期一会の出会いを媒介するものだ。

歌舞伎は大向うから声がかかってこそ、役者の演技も冴える。

「流通」とは商品やサービスが人から人へ受け渡されることである。

そこで大事なのが「コラボレート型」のサービスである。売る方が一方的な送り手、買う方が一方的な受け手という関係ではなく、売る方はどこかをオープンなまま残しておいて、買う方がそこを補完する。また、買う方がニーズを伝え、売る方がそれに応える。今後のマーケティングに望まれる形の一つが、このようなコラボレーションであることに間違いはない。

第11章　結論＝ニューロマーケティングと未来

アップルのリンゴはなぜかじりかけなのか？

ここまで、「こころ」に訴えるテクニックを脳の働きと結びつけながら解説してきた。しめくくりに当たるこの章では、ニューロマーケティングの未来を考えてみよう。

その前に、「アップルのりんご」の話を少し。

アップルがマッキントッシュを売り出したのが一九八四年。

その頃アップルの製品を扱っていたのは東京の本郷にある「イーエスディラボラトリ」という小さな会社だった。

同社の水島敏雄社長（当時）は『ＡＰＰＬＥマガジン』一九八三年の第四号にホノルルで行われた代理店会議の模様を次のように書いている。

舞台には"Leading the Way"のシンボルが大きく投写されており、ソウルだか何だかの音楽が〝ドンタク、ドンタク〟と流れています。八時三十分舞台が暗転し、緑のレーザ光が飛び交い、Ａｐｐｌｅ模様を描き、回転し、３Ｄとなり、"Leading the Way"のテーマミュージックがジャズで流されます。スライドを（ママ）次々と映し出されます。そして激しいダンス。息もつかせぬオープニングが終ると、"Did you like the show?" と現れた副社長のカータ氏が開幕を告げます。

昔からイメージ、演出、スペシャル感に工夫を凝らした会社だったのだなと思う。

その「かじりかけのリンゴ」のロゴ。これはなぜこの形なのだろう？

ロブ・ジャノフがデザインするまでは、同社のロゴはリンゴの木の下で読書するニュートンの姿で、まるで十九世紀の書物のような重厚なイラストだった。だが、スティーブ・ジョブズは、このロゴでは堅苦しく、小さいサイズにできないと思い、ジャノフにデザインを依頼した。

それで、なぜかじりかけなのか？

ジャノフの答えはそっけない。ものごとの真相とは得てしてこういうものだ。

まず、社名がアップルだからリンゴである。

これが一口かじられている理由は、他の丸い果物、たとえばサクランボなどと間違えられないようにするためだ。(1) あっけないほど簡単な話だ。

事実としての真相はこうであるかもしれないが、この「かじられたリンゴ」にはもっと秘密があるのではなかろうか？

私たちはこう考えて、このロゴマークで「閾下感情プライミング」（第3章）が起こるかどうか実験してみた。

予備実験なので被験者はわずか七人、しかもそのうち六人がＷｉｎｄｏｗｓユーザー（ただしｉＰｈｏｎｅユーザーも六人）と偏りがあり、確定的なことは言えないが、ざっと一瞥するかぎり、かじりかけのリンゴマークを見たことによって潜在的に好感が誘発されるということはなかった。

もしかしたら何かがあるかも知れないと思われたのは、リンゴマークを閾下で提示した後に別のモノ（マグカップとか自動車とか）に対する好感度を尋ねたときの反応時間である。この結果にも大きなばらつきがあったから、「中にはこういう人もいた」という程度に聞いていただきたいが、かじられたリンゴの本物の写真を閾下に提示した場合、その後で何かのモノに対する印象を答えるまでの時間は平均すると〇・九秒ぐらいだった。それに対して、あのロゴに似せた印（商標の問題があるので本物は使わなかった）を作って閾下提示した場合はそれが一・二秒ぐらいに延びた。

反応時間が長いということは、情報を処理するために脳にそれだけ負荷がかかったということである。わずか〇・三秒ではあるが、三十個から三百個ぐらい余計な神経細胞が動員された勘定になる。これは私の空想だが、あのリンゴマークには何か私たちの既存の態度やものの考え方をゆさぶり、リセットする効果があるのではないだろうか。

という空想を駆り立てることが「かじりかけの秘密」かも知れない。

「これは欲望、知識、希望そして無秩序を表している」

と、元アップル・プロダクツ社長のジャン＝ルイ・ガセーは言う[2]。欲望、知識、希望そして無秩序こそイノベーションを生む鍵だろう。

これからのニューロマーケティング

ニューロマーケティングという分野が生まれてから十数年、初期の展開はほぼひと段落したように思われる。

だが、ここで終わりではない。神経科学は発展を続け、それに応じてニューロマーケティングの世界も変わる。

まず、これからは脳のシステム理論の時代が来る。

これまでいろいろな方法を使って脳の反応を調べてきたが、それらがどのように組み合わせられたときに「好き」という気持ちに火がつくのか、どういう条件のときに「買う」意思が生まれるのかといったことを予測する力はまだ弱い。

良い理論モデルを作り、たくさんの観測結果をモデルに投入して、人が何を買うのか、何を買わないのかを予測し、その予測を実地に検証して修正する仕事が必要だ。

これは数年以内に実現可能だと思う。この十年で膨大かつ多様なデータ、すなわち「ビッグデータ」を扱う技術は飛躍的に進歩した。人工知能（ＡＩ）も素晴らしい勢いで進歩している。ディープラーニングのテクニックを使えば、人工知能はますます利口になる。[(3)] 日本では「人工知能と脳科学」という新学術領域もスタートした。今後はニューロマーケティングに工学の「技」が入ってくるに違いない。

第二に、消費者一人一人の個性に合わせた商品開発、販売が実現する。

それが「オーダーメイドマーケティング」である。

すでに医療の世界では「オーダーメイド」ということが言われ、患者の遺伝情報を知って最適の処方をする研究が進んでいる。[(4)] そうすると無駄な薬をたくさん処方する必要がなくなり、副作用に悩む人も減る。

脳には「わたし」の姿があらわれる。本書のこれまでの話は基本的に万人に成り立つ話、報酬系や大脳辺縁系の誰にでも共通な話だった。しかし、実際には十人十色、いろいろな個性があり、いろいろな脳の活動がある。

遺伝情報と脳の情報がわかれば、私の「くせ」がわかる。その情報を異業種で握り合っておけば、たとえば、こんなクルマを買った人はこんな音楽が好き、こんなレストランに行った人はこんな服装が好き、という見当がつけられる。そうすると、私の前には私が好むものが届けられるという寸法だ。

実際にこういう「異業種での握り合い」は始まった。二〇一八年六月一日の日経新聞は、セブン&アイ・ホールディングス、NTTドコモ、東急電鉄、三井物産など十社がデータを共有し、ビッグデータ活用で協力するラボを立ち上げたことを報じている。経産省も産業データ共有の支援に乗り出した。

こういうビッグデータをベースにして、企業は「顧客イメージ」を深化させる。これは「プロファイリング」の一種にほかならない。プロファイリングというと犯罪捜査が有名だが、マーケティングではすでに大事なテクニックで、その方法、効果、課題などが検討されている。[5]

第三に、いよいよ脳の活動をダイレクトに操作する時代が来る。

これは「ニューロフィードバック」と呼ばれ、すでに医療への応用が検討されている。実際のやり方としては、アタマにセンサーを取り付けて（ヘッドギアのようなものをかぶったり、アタマにいくつか電極を貼りつけたりする）、特定部位の活動や神経ネットワークの活動を画像に変換してディスプレイに映し、「この緑の点を大きくしてください」というような教示をして神経活動を操作する。

基礎研究はだいぶ進み、たとえば好きでも嫌いでもなかった人の顔を「好き」にしたり「嫌い」にしたりすることができる。[6] 記憶力の強化[7]や、食欲の抑制[8]もできる（過食の治療に使うことを想定している）。

これからの時代は顧客の求めるモノを作るだけではなく、作ったモノを求めるように顧客を変えていく時代になるだろう。

これからのニューロマーケティングの問題

しかし、こんなニューロマーケティングの進歩を手放しで礼賛して良いかというと、そんなに簡単にはいかない。そこにはいろいろな問題も出てくる。

言うまでもなく、ニューロマーケティングは神経科学の研究と、その成果を実践に取り入れたい企業の思惑との接点にある。だが、この両者は必ずしも一致しない。というより、対立することの方が多い。

企業の意思はトップの独断か、もしくは上層部の協議によって決まる。あらゆるコンセプトや戦略はその意思から出てくる。企業は研究者に調査や実験を依頼したからといって、その意思まで改変することは考えていない。ここに研究者と企業の思惑がズレる余地がある。

さらに、研究者は基本的には成果を公表する。科学の研究成果は公開されなければ意味がない。これに対して企業の委託を受けて調査や研究を行った場合、それはその企業の財産となり、私たちの目には触れない。

企業内研究として行われたニューロマーケティングの研究で何かすごいことがわかるかも知れないが、それは社会の共有財産にならない。A社の発見はA社だけの財産である。もしA社の発見を競争相手のB社が利用したら、私たちの手元にはA社製よりも良いモノが届くかも知れない。しかし、そうはならない。私たちはA社の世界で生きなければならない。この状態がある程度以上に進むと、企業の思惑の範囲でしか技術革新が起こらなくなる。

それだけではない。

遺伝情報と脳の情報は究極の個人情報である。

なにしろ、私が気づいていない「私」の性質までわかってしまう。

そこにさまざまな問題が起こる。

たとえば、消費者の好みを調べようとして脳の画像を調べたところ、たまたま脳に病変らしきものが見つかったらどうするか[9]？

「当面の課題とは関係ないから」という理由で、本人に知らせなくても良いものだろうか。

そうはいかないだろう。そうすると本人に伝えるか。

すると個人情報の目的外使用になるのか？

こういう問題は実験を進める前に何とか解決しておかなければならない。


また新たな問題もある。

繰り返すが、「わたし」を構成する網羅的なデータが蓄積され、それが異業種間で共有できるようになれば、ニューロマーケティングにとって理想的なデータベースである。

だが、そういうデータベースでの個人情報の保護はどうなるのだろう？　名前や住所は伝えていないから大丈夫だろうか？

そうは言えない。脳の情報が個人を特定する情報になり得るかというと、それはなり得る。(10)

今のところ精度はまだ百パーセントではないが、他の検査と組み合わせれば精度をあげることは難しくない。「理想的なデータベース」では匿名性は担保されていないのだ。

すでに時代はこういうデータベースの作成と利用に向かっている。

総務省は二〇一二年に「パーソナルデータの利用・流通に関する研究会」を立ち上げ、翌年六月に報告をとりまとめた。

それによると、「新事業の創出、国民の利便性の向上、より安心・安全な社会の実現」のためにデータの活用が期待されているとし、その活用ルールは、国、企業、消費者、有識者などの「マルチステークホルダー」が決める、個人情報を守るためには国際的な潮流に合わせて「プライバシー・コミッショナー」という第三者機関を作るなど、個人情報ハンドリングの大枠が決められている。

イギリスはもう少し進んでいて、二〇一一年から「マイデータ（ｍｉｄａｔａ）」というサービスが始まった。これは、ポータルサイトに自分の行動情報を格納し、利用者は自分の知っている人や機関に開示できるというものである。[11] すでにイギリスではこのシステムを応用して、自分に合った金融機関を教えてくれるサービスが二〇一五年から始まった。

これは要するに、私が同意し、私が管理し、私が開示できる範囲を選び、しかもそれがステークホルダーたちの決めたガイドラインから逸脱していなければ、第三者による私の個人情報の利用は許されるという方向である。今後は日本も確実にその方向に進む。これまでのデータベース論議には「脳」の話は入っていなかったが、それもいずれは組み込まれる。

だが、これで本当に「安心・安全な社会」が実現できるのだろうか？　私はその情報網のどこからも隠れることはできない。

もっと大きな問題もある。

「心を操作する時代」がすぐそこまで来ている。

そうすると、「人間には自由な意思があるのか？」という問題を考えなくてはならない。

私たちは自分の自由な意思で学校の専攻を決め、職場を決めて今日に至っているように思っているが、実のところそれは「あれか、これか」という選択の連続だった。その都度どのような選択をするかは、脳のからくりがわかっていれば正確に予測できたのではないだろうか？

ニューロマーケティングが消費者の自由意思を奪うという懸念は古くからあった。[12] 私たちは普通、「自由」という生き方を大事にしたいと思っている。だがもし、私の行動が完璧に予測できるならば、我々には自由はないというべきである。

本当のところ、私たちには「自由」はないのかも知れない。茂木健一郎さんの研究によると、自由意思を信じている人はUFOやサイキックパワーといった超常現象を信じる傾向が強いという。[13] 今や「自由」は「パラノーマル」の一種なのだ。それならば私たちには自由のないことを認め、より良いコントロールとは何かを考えた方が現実的ではないだろうか。[14]

再び情緒的価値を考える

話が大きくなったが、結局のところ、わけもわからず力技でモノを売り歩く時代は終わった。

売れないのは売り手と買い手の思いにミスマッチがあるからだ。売る側としては、欲しい人のところに欲しいモノを届けたい。ニューロマーケティングの原点に戻ると、これはその予測の精度をあげる技術である。

一方で、買い手としては作り手のメッセージを感じたい。「これはあなたのために作っている」「これを買えばあなたはお金以上の幸福を得る」というメッセージが感じられるものを買いたい。ニューロマーケティングの時代とは、これまで以上に作り手が商品にメッセージを込める時代でもある。

人間の好みや態度を生む無意識の神経活動は不思議なことをやっているわけではない。感情や意欲を作る神経系の活動は、結局のところ「生存に有利なモノ」を見つけるように働く。「私が欲しくなるモノ」は、何らかの形で私の生存にとって有利なのである。

人類は長い進化の歴史の中でそういうモノを「良い」と思う心を育ててきた。

たとえば「火」を考えてみよう。

火はモノを燃やす。肉を焼けば生肉よりも長持ちする。夜は明かりになる。寒い日には暖かくしてくれる。そういう性質は「火」の持っている機能的価値であった。

それと同時に、火を囲む生活は人々に美味をもたらし、家族や同胞の語らいをもたらし、安心をもたらした。それは情緒的価値である。

情緒的とは単なる付加価値ではない。本書の冒頭で述べた「あらゆるモノが嗜好品化してきた」という言葉は、飽食したから贅沢になったという意味ではなく、むしろ、モノが「生存」という私たちの目的に沿って正しく定位されはじめたとも言える。

そう考えると、ニューロマーケティングとは私たちがいまどんなモノが生存に有利と感じているかを予測する技術の体系である。

それは消費者を幻惑して、しょうもないモノをガンガン売れるようにする魔法の技術ではない。しょうもないモノはいくら頑張ってもやはり売れない。

売れるモノとは、真摯な努力によって開発されたモノ、職人の技によって丁寧に生産されたモノ、それを持つことがあなたのためになると本気で信じている人がコツコツと真面目に売り歩くモノである。

ニューロマーケティングが支えるのはそうした開発、生産、営業現場の労働にほかならない。


しめくくりに、冒頭で触れたミッションでの「理想の乗り物」は何だったかという問いに答えよう。

私たちが一年かけて到達した結論は、「理想の乗り物は『孫悟空』の乗っている觔斗雲《きんとうん》のようなものです」というものだった。

メーカーの方々が一瞬固まったのが目に浮かぶ。しかしこれは真面目な結論だ。ちなみにこのプロジェクトはその後ロボティクス部門とヒューマンエモーション部門に分かれ、基礎研究にも商品開発にも発展させることができた。二〇一八年四月、横浜で開かれた「人とくるまのテクノロジー展」を見ると、「觔斗雲」の夢は「空を飛ぶパーソナルヴィークル」という点では「CART!VATOR」のような形ですでに実現されたことがわかる。私たちの研究グループは決して絵空事を描いてメーカーを煙に巻いたわけではなかったのだ。觔斗雲、それはヒューマンパワーの象徴である。

これからの技術は人間の力を奪うものであってはならない。人間と共にあって、人間の潜在的な力を伸ばすものであるべきだ。私たちは觔斗雲にその思いを込めた。

おわりに

私が籍を置く「マーケティング共創協会」は、もとの名を「販売実務協会」と言い、日本に「マーケティング」という考えが導入された一九五七年に設立された。

そのコンセプトは、「マーケティングはひとつの科学だ」というものである。経験とカンに頼っていた時代は終わり、消費者の好みや行動をいかに調査し分析するか、それをどのようにして商品開発や販売戦略に生かすか、そこにきちんとした方法論がなくてはならない。協会はそういうポリシーで活動し、これまでに一二〇〇回の基幹研究会（二〇一八年五月現在）、マーケター養成講座、テーマ別研究会、トピックスセミナーなどを開いてきた。その基幹の一つが「人間・心理・脳」である。

商品開発や販売の現場が基礎研究に接近するのに呼応して研究の世界も変化した。優秀な研究者がアカデミズムの枠を飛び出して、実業の世界と縁を結ぶようになってきたのである。

繰り返すが、企業の思惑と研究者の希望との間には葛藤がある。ときにそれは激しくぶつかる。だが、今は多くの企業も研究者も、そのぶつかりあいから逃げようとはしていない。いかに不協和があっても、「人の幸せのために働く」という大きな目標は一致する。

「企業がこう出てくるのだ」と知った消費者の方も、「それならばこう出よう」と対抗策を考える。うかうかと「好みの操作」に乗せられたりはしない。その緊張もまた私たちが「生きる知恵」を得るために必要である。

こうして、私たちの未来は少しずつでも明るい方向に進んでいくだろう。

これまでの私の仕事に多くのチャンスやヒント、アドバイスをいただいた方々に感謝したい。とくにお世話になったのは以下の方々である。

まず実業界、株式会社日本オリエンテーションの松本勝英社長、マーケティング共創協会の武内美奈理事長、日本工業大学専門職大学院の笠原耕三先生。これらの方々は「マーケティング」という面倒で魅力的な分野に私の目を開いてくれた。

次に、学術と実業の両方の世界を股にかけて活躍しておられる方々。バイオビューの余川隆社長、本書第2章は余川社長に添削していただいた。株式会社イデアラボの澤井大樹社長、株式会社きもちラボの加藤康広社長、帝京大学の小林恒之先生。皆さんは私の共同研究者でもあり、アドバイザーでもある。

研究の世界でお世話になった方々は数えきれないが、私に「遊ぼう」と声をかけてくださり、厳しく指導してくれた理研の故松本元先生、カリフォルニア工科大学の下條信輔先生にはとくに御礼申し上げる。りんごの実験では東北大学の高野裕治先生、理研の請園正敏先生を煩わせた。

各章の最後に私との対談相手としてご登場くださったお二人にはお忙しいところ貴重な時間をいただいた。テレビ局の方は残念ながら局名やお名前を出せないが、人形の開発をされている方はお名前を出しても良いということなのでご紹介すると、パイロットインキ株式会社玩具事業部の土井菜摘子さんである。本書に出てきた人形は「愛育ドール」として有名な「メルちゃん」である。単なる遊び道具ではなく、「お世話をする」というコンセプトで子供の優しい心を育てるように工夫されている。二〇一七年の「日本おもちゃ大賞」特別賞に輝いた。

光文社編集部の古川遊也さんには本づくりのお世話になった。

最後になって恐縮ですが、ここまでつきあってくださった読者の皆様へ感謝申し上げます。

(6) Shibata K, Watanabe T, Kawato M et al. Differential Activation Patterns in the Same Brain Region Led to Opposite Emotional States. PLoS Biol., 2016; 14: e1002546.
(7) Sherwood MS, Kane JH, Weisend MP et al. Enhanced control of dorsolateral prefrontal cortex neurophysiology with real-time functional magnetic resonance imaging (rt-fMRI) neurofeedback training and working memory practice. Neuroimage, 2016; 124(Pt A): 214-223
(8) Ihssen N, Sokunbi MO, Lawrence AD et al. Neurofeedback of visual food cue reactivity: a potential avenue to alter incentive sensitization and craving. Brain Imaging Behav., 2017; 11: 915-924.
(9) Murphy ER, Illes J, Reiner PB. Neuroethics of neuromarketing. J Consumer Behav., 2008; 7: 293-302.
(10) Finn ES, Shen X, Scheinost D et al. Functional connectome fingerprinting: identifying individuals using patterns of brain connectivity. Nat Neurosci., 2015; 18: 1664-1671.
(11)「パーソナルデータの利用・流通に関する研究会」報告書の公表. 2013 年 6 月 12 日
(12) Wilson RM, Gaines J, Hill RP. Neuromarketing and consumer free will. The Journal of Consumer Affairs, 2008; 42: 389-410.
(13) Mogi K. Free will and paranormal beliefs. Frontiers in Psychology, 2014; 5: 00281.
(14) Skinner BF. Beyond Freedom and Dignity. Pelican Books, 1971.

⑽ 町田佳世子．ポジティブ感情の喚起要因と機能に関する研究の現状と展望．札幌市立大学研究論文集，2010; 4: 27-31.

第10章

(1) Chevalier JA, Mayzlin D. The Effect of Word of Mouth on Sales: Online Book Reviews. Journal of Marketing Research, 2006; 43: 345-354.
(2) 江川雄太，一藤裕，今野将．ECサイトのユーザーレビューが購買行動に与える影響に関する研究について．情報処理学会第73回全国大会，2011.
(3) 澁谷覚．ネット上の消費者情報検索とネット・クチコミのマーケティング利用．AD STUDIES, 2007; 20: 11-15.
(4) 澁谷覚．ネット上のクチコミ情報を介した消費者間の影響伝播のメカニズム．季刊マーケティングジャーナル，2007; 26: 31-51.
(5) 藤澤隆史，細川豊治，長田典子ほか．集団圧力の状況下における脳機能イメージング：Aschの実験パラダイムを用いたfNIRS研究．感情心理学研究，2010; 18: 73-82.
(6) 土田昭司．「商品先物取引」被害者にみる被勧誘と「信頼」の事例．関西大学心理学研究，2010; 1: 25-40.
(7) Dunbar RI. The social brain hypothesis and its implications for social evolution. Ann Hum Biol., 2009; 36: 562-572.
(8) Casile A, Caggiano V, Ferrari PF. The mirror neuron system: a fresh view. Neuroscientist, 2011; 17: 524-538.
(9) Analysis of the mirror neuron system for evaluation of stimulus, US 8655437 B2

第11章

(1) GIGAZINE 2016年9月26日
(2) オーエン・W・リンツメイヤー（林信行・柴田文彦訳）．アップルコンフィデンシャル，アスキー出版局，1999.
(3) Miikkulainen R, Liang J, Meyerson E et al. Evolving deep neural networks. arXiv, 2017; 1703.00548.
(4) Fukuda K, Hayashida M, Ide S et al. Association between OPRM1 gene polymorphisms and fentanyl sensitivity in patients undergoing painful cosmetic surgery. Pain, 2009; 147: 194-201.
(5) 小林慎太郎．プロファイリングの効用と課題，野村総合研究所資料，2015.

維機械学会誌，1992; 45: T193-T199.
(8) 松田憲，平岡斉士，杉森絵里子ほか．バナー広告への単純接触が商品評価と購買意図に及ぼす影響．認知科学，2007; 14: 133-154.
(9) Kongthong N, Minami T, Nakauchi S. Gamma oscillations distinguish mere exposure from other likability effects. Neuropsychologia, 2014; 54: 129-138.
(10) Zebrowitz LA, Zhang Y. Neural evidence for reduced apprehensiveness of familiarized stimuli in a mere exposure paradigm. Social Neuroscience., 2012; 7: 347-358.
(11) 生駒忍．潜在記憶現象としての単純接触効果．認知心理学研究，2005; 3: 113-131.
(12) 松田憲，楠見孝，鈴木和将．広告の商品属性と商品名典型性が感性判断と購買欲に及ぼす効果．認知心理学研究，2004; 1: 1-12.

第９章

(1) 朴宰佑．マーケティングにおける感覚的訴求の効果．CUC View & Vision, 2012; 33: 11-15.
(2) 鈴木貢．高度消費社会における劇場型空間の創出と都市環境の変貌．北海道文教大学論集，2009; 10: 23-32.
(3) https://www.youtube.com/watch?v=NkePRXxH9D4
(4) Farrell JJ. Shopping: the moral ecology of consumption. American Studies, 1998; 39: 153-173
(5) Cummins LF, Nadorff MR, Kelly AE. Winning and positive affect can lead to reckless gambling. Psychology of Addictive Behaviors, 2009; 23: 287-294.
(6) 高田琢弘，湯川進太郎．無関連に喚起された快と運がギャンブル行動の無謀さと手堅さに及ぼす影響．感情心理学研究，2014; 22: 1-10.
(7) Knutson B, Wimmer GE, Kuhnen CM et al. Nucleus accumbens activation mediates the influence of reward cues on financial risk taking. Neuroreport, 2008; 19: 509-513.
(8) Rigoli F, Rutledge RB, Chew B et al. Dopamine Increases a Value-Independent Gambling Propensity. Neuropsychopharmacology, 2016; 41: 2658-2667.
(9) Adams Jr. RB, Kleck RE. Effects of direct and averted gaze on the perception of facially communicated emotion. Emotion, 2005; 5: 3-11.

1999; 71: 17-86.

(5) Berridge KC. Wanting and Liking: Observations from the Neuroscience and Psychology Laboratory. Inquiry (Oslo), 2009; 52:378.

(6) Richardson NR, Gratton A. Behavior-relevant changes in nucleus accumbens dopamine transmission elicited by food reinforcement: an electrochemical study in rat. J Neurosci. 1996; 16: 8160-8169.

(7) Davis CA, Levitan RD, Reid C et al. Dopamine for "wanting" and opioids for "liking": a comparison of obese adults with and without binge eating. Obesity (Silver Spring), 2009; 17: 1220-1225.

(8) Saddoris MP, Cacciapaglia F, Wightman RM et al. Differential Dopamine Release Dynamics in the Nucleus Accumbens Core and Shell Reveal Complementary Signals for Error Prediction and Incentive Motivation. J Neurosci., 2015; 35: 11572-11582.

(9) Wood J, Simon NW, Koerner FS et al. Networks of VTA Neurons Encode Real-Time Information about Uncertain Numbers of Actions Executed to Earn a Reward. Front Behav Neurosci., 2017; 11: 140.

(10) Zald DH, Boileau I, El-Dearedy W et al. Dopamine transmission in the human striatum during monetary reward tasks. J Neurosci., 2004; 24: 4105-4112.

第8章

(1) 読売新聞 AdVoice, 2011年2月7日

(2) 電通報，2014年2月5日

(3) 大友信秀．地域ブランディングの実践と人材育成．金沢法学，2014; 56: 137-151.

(4) 成尾雅貴（熊本県商工観光労働部観光経済交流局　くまもとブランド推進課課長）．くまモンにみる熊本県のブランド戦略．独立行政法人経済産業研究所，BBLセミナー，2014年2月14日

(5) 地下雄大．ゆるキャラ「くまモン」のブランド構築についての研究．商大ビジネスレビュー（兵庫県立大学大学院経営学研究科），2013；97-112.

(6) Elliott R, Dolan J. Neural response during preference and memory judgments for subliminary presented stimuli: a functional neuroimaging study. J Neurosci., 1998; 18: 4697-4704.

(7) 長田美穂，杉山真理，小林茂雄．服装の好感度に対する単純接触の効果．繊

reward. Science, 1997; 275: 1593-1599.
(6) Waelti P, Dickinson A, Schultz W. Dopamine responses comply with basic assumptions of formal learning theory. Nature, 2001; 412: 43-48.
(7) Watanabe M, Hikosaka K, Sakagami M et al. Reward expectancy-related prefrontal neuronal activities: are they neural substrates of "affective" working memory? Cortex, 2007; 43: 53-64.

第6章
(1) 福田敏彦．物語マーケティング，竹内書店新社，1990年
(2) 高田明．私の履歴書．第18回，日本経済新聞 2018年4月19日
(3) 庄司裕子．気づきからコンセプト精緻化へ，そしてチャンス発見へ．人工知能学会誌，2003; 18: 269-274.
(4) Hall L, Johansson P, Tärning B et al. Magic at the marketplace: Choice blindness for the taste of jam and the smell of tea. Cognition, 2010; 117: 54-61.
(5) 高口央．お客を顧客へと変化させる店舗の取り組みとは？─認知的不協和理論からの検討．流通経済大学社会学部論叢，2015; 25: 85-96.
(6) Knutson B, Rick S, Wimmer GE et al. Neural predictors of purchases. Neuron, 2007; 53: 147-156.
(7) Goldstein RZ, Craig AD, Bechara A et al. The neurocircuitry of impaired insight in drug addiction. Trends Cogn Sci., 2009; 13: 372-380.
(8) van Veen V, Krug MK, Schooler JW et al. Neural activity predicts attitude change in cognitive dissonance. Nat Neurosci., 2009; 12: 1469-1474.
(9) Qiu J, Li H, Jou J et al. Neural correlates of the "aha" experiences: Evidence from an fMRI study of insight problem solving. Cortex, 2010; 46: 397-403.
(10) Sato W, Kochiyama T, Uono S et al. The structural neural substrate of subjective happiness. Sci Rep., 2015; 5: 16891.

第7章
(1) ITmedia, ビジネスオンライン，2012年10月22日
(2) 平成二十八年三月三十一日付財務省令第二十七号
(3) Hearst E. Resistance-to-extinction functions in the single organism. J Exp Anal Behav., 1961; 4: 133-144.
(4) 原田保．小売業のパーソナル・マーケティング戦略．香川大学経済論叢，

preference judgments are segregated across object categories. Proc Natl Acade Sci USA., 2010; 107: 14552-14555.

(5) Kafkas A, Montaldi D. Two separate, but interacting, neural systems for familiarity and novelty detection: a dual-route mechanism. Hippocampus. 2014; 24: 516-527.

(6) Yang K, Broussard JI, Levine AT et al. Dopamine receptor activity participates in hippocampal synaptic plasticity associated with novel object recognition. Eur J Neurosci., 2017; 45: 138-146.

(7) Becker K, Laucht M, El-Faddagh M et al. The dopamine D4 receptor gene exon III polymorphism is associated with novelty seeking in 15-year-old males from a high-risk community sample. J Neural Transm., 2005; 112: 847-858.

(8) Silva Pereira C, Teixeira J, Figueiredo P et al. Music and emotions in the brain : Familiarity matters. PLoS ONE, 2011; 6: e27241.

(9) Oba K, Noriuchi M, Atomi T et al. Memory and reward systems coproduce 'nostalgic' experiences in the brain. Soc Cogn Affect Neurosci., 2016; 11: 1069-1077.

(10) Kusumi T, Matsuda K, Sugimori E. The effects of aging on nostalgia in consumers' advertisement processing. Japanese Psychological Research, 2010; 52: 150-162.

(11) Batcho KI. Nostalgia: a psychological perspective. Perceptual and Motor Skills, 1995; 80: 131-143.

第5章

(1) 藪野淳.「アネロ」口金リュック爆発的ヒットの裏側. WWD, 2017年1月15日

(2) 渡辺綱介. 効果的に付加価値を高める小企業の取り組み. 日本政策金融公庫論集, 2013; 21: 67-80.

(3) Lepper MR, Greene D, Nisbett RE. Undermining children's intrinsic interest with extrinsic reward: a test of the "overjustification" hypothesis. Journal of Personality and Social Psychology, 1973; 28: 129-137.

(4) Crespi LP. Quantitative variation in incentive and performance in the white rat. Am J Psychol., 1942; 55: 467-517.

(5) Schultz W, Dayan P, Montague PR. A neural substrate of prediction and

(9) Astolfi L, De Vico Fallani F, Cincotti F et al. Neural basis for brain responses to TV commercials: a high-resolution EEG study. IEEE Trans Neural Syst Rehabil Eng., 2008; 16: 522-531.

第 3 章

(1) 余川隆．phMRI (pharmacological MRI)—薬剤開発における functional MRI (fMRI) の応用について．日本薬理学雑誌，2011; 138: 117-121.
(2) Zatorre RJ, Salimpoor VN. From perception to pleasure: music and its neural substrates. Proc Natl Acad Sci U S A., 2013; 110 Suppl 2:10430-10437.
(3) Sabatinelli D, Bradley MM, Lang PJ et al. Pleasure rather than salience activates human nucleus accumbens and medial prefrontal cortex. J Neurophysiol., 2007; 98: 1374-1379.
(4) Paradiso S, Johnson DL, Andreasen NC et al. Cerebral blood flow changes associated with attribution of emotional valence to pleasant, unpleasant, and neutral visual stimuli in a PET study of normal subjects. Am J Psychiatry, 1999; 156: 1618-1629.
(5) Kanai R, Feilden T, Firth C et al. Political orientations are correlated with brain structure in young adults. Curr Biol., 2011; 21: 677-680.
(6) 坂上雅道，山本愛実．意思決定の脳メカニズム—顕在的判断と潜在的判断．科学哲学，2009; 42: 29-40.
(7) Winkielman P, Zajonc RB, Schwarz N. Subliminal affective priming resists attributional intervensions. Cognition and Emotion, 1997; 11: 433-465.
(8) Kim H, Adolphs R, O'Doherty JP et al. Temporal isolation of neural processes underlying face preference decisions. Proc Natl Acad Sci U S A., 2007; 104: 18253-18258.

第 4 章

(1) 田中智晃．成熟市場をめぐるヤマハの鍵盤楽器ビジネス．経営史学，2012; 47: 49-74.
(2) NTT コムウェア．ニッポン・ロングセラー考，2017; Vol. 140.
(3) Hekkert P, Snelders D, van Wieringen PCW. 'Most advanced, yet acceptable': Typicality and novelty as joint predictors of aesthetic preference in industrial design. Br J Psychol., 2003; 94: 111-124.
(4) Park J, Shimojo E, Shimojo S. Roles of familiarity and novelty in visual

参考文献

第1章

⑴ 谷口綾子．広告キーワードにみる自動車のマーケティング戦略．国際交通安全学会誌，2008; 33: 234-243.

⑵ 岡安祥夫．食生活における嗜好・意識の解析と応用．日本食品工業学会誌，1985; 32: 605-612.

⑶ Sutherland M. Neuromarketing: What's it all about? 2007; Paper presented at the Australian Neuromarketing Symposium.

⑷ Lewis D, Bridger D. Market researchers make increasing use of brain imaging. ANCR., 2005; 5: 36-37.

⑸ McClure SM, Li J, Tomlin D et al. Neural correlates of behavioral preference for culturally familiar drinks. Neuron, 2004; 44: 379-387.

⑹ 萩原一平．脳科学がビジネスを変える―ニューロイノベーションへの挑戦．日本経済新聞出版社，2013.

第2章

⑴ Shimojo S, Simion C, Shimojo E et al. Gaze bias both reflects and influences preference. Nat Neurosci., 2003; 6: 1317-1322.

⑵ Hess EH, Polt JM. Pupil size as related to interest value of visual stimuli. Science, 1960; 132: 349-350.

⑶ 中森志穂，水谷奈那美，山中敏正．顔画像に対する好みは、瞳孔径にどう反映されるのか．日本感性工学会論文誌，2011; 10: 321-326.

⑷ Tada H. Eyeblink rates as a function of the interest value of video stimuli. Tohoku Psychologica Folia, 1986; 45: 107-113.

⑸ 塚原進．画像による心理反応の客観計測―テレビ画像とまばたき．テレビジョン学会誌，1979; 33: 1040-1046.

⑹ 加藤匠，横田真明，山下泰介ほか．摂動応答と重心動揺計を用いた嗜好画像のリアルタイム推定手法の提案．第15回日本バーチャルリアリティ学会大会論文集，2010.

⑺ Morin C. Neuromarketing: the new science of consumer behavior. Soc., 2011; 48: 131-135.

⑻ 三木盛登，入戸野宏．脳波を用いた動画に対する興味の推定―単一プローブ刺激法による検討．生理心理学と精神生理学，2014; 32: 1-10.

廣中直行（ひろなかなおゆき）

1956年山口県生まれ。東京大学文学部心理学科卒業。同大学院人文科学研究科心理学専攻博士課程単位取得退学。実験動物中央研究所、理化学研究所脳科学総合研究センター、専修大学、科学技術振興機構、NTTコミュニケーション科学基礎研究所などを経て、（社）マーケティング共創協会研究主幹。著書は『人はなぜハマるのか』（岩波書店）、『快楽の脳科学』（NHK出版）、『やめたくてもやめられない脳』（筑摩書房）、『依存症のすべて』（講談社）など。

アップルのリンゴはなぜかじりかけなのか？
心《こころ》をつかむニューロマーケティング

2018年8月30日初版1刷発行

著　者 ── 廣中直行
発行者 ── 田邉浩司
装　幀 ── アラン・チャン
印刷所 ── 萩原印刷
製本所 ── フォーネット社
発行所 ── 株式会社光文社
東京都文京区音羽1-16-6（〒112-8011）
https://www.kobunsha.com/
電　話 ── 編集部03（5395）8289　書籍販売部03（5395）8116
業務部03（5395）8125
メール ── sinsyo@kobunsha.com

 ISBN 978-4-334-04365-0

938
空気の検閲
大日本帝国の表現規制
辻田真佐憲

エロ・グロ・ナンセンスから日中戦争・太平洋戦争時代まで、大日本帝国期の資料を丹念に追いながら、一言では言い尽くせない、摩訶不思議な検閲の世界に迫っていく。

978-4-334-04344-5

939
藤井聡太はAIに勝てるか？
松本博文

コンピュータが名人を破り、今や人間を超えた。しかし藤井はじめ天才は必ず現れ、歴史を着実に塗り替えていく。奇蹟の中学生とコンピュータの進化で揺れる棋界の最前線を追う。

978-4-334-04345-2

940
AI時代の新・ベーシックインカム論
井上智洋

未来社会は「脱労働社会」――。ベーシックインカムとは何か。財源はどうするのか。現行の貨幣制度の欠陥とは。導入最大の壁とは。AIと経済学の関係を研究するパイオニアが考察。

978-4-334-04346-9

941
素人力
エンタメビジネスのトリック?!
長坂信人

「長坂信人を嫌いだと言う人に会った事がない」――秋元康氏。超個性的なメンバーを束ねる制作会社オフィスクレッシェンド代表による仕事術、経営術とは？　堤幸彦監督との対談も収録。

978-4-334-04347-6

942
東大生となった君へ
真のエリートへの道
田坂広志

東大卒の半分が失業する時代が来る。その前に何を身につけるべきか？　高学歴だけでは活躍できない。論理思考と専門知識が価値を失う「人工知能革命」の荒波を、どう越えていくか？

978-4-334-04348-3

943
グルメぎらい
柏井壽
おまかせ料理ではなくお仕着せ料理、味よりもインスタ映え、料理人と馴れ合うブロガー。今のグルメ事情はどこかおかしい――。二十五年以上食を語ってきた著者による、覚悟の書。
978-4-334-04349-0

944
働く女の腹の底
多様化する生き方・考え方
博報堂キャリジョ研
今の働く女性たちは何を考え、どう生きているのか?「キャリア(職業)を持つ女性」=通称「キャリジョ」を徹底分析。多様化する、現代を生きる女性たちのリアルに迫る。
978-4-334-04350-6

945
日本の分断
切り離される非大卒若者《レッグス》たち
吉川徹
団塊世代の退出後、見えてくるのは新たな分断社会の姿だった――。計量社会学者が最新の社会調査データを元に描き出す近未来の日本。社会を支える現役世代の意識と分断の実態。
978-4-334-04351-3

946
日本サッカー辛航紀
愛と憎しみの100年史
佐山一郎
「日本社会」において「サッカー」とは何だったのか。一九二一年の第一回「天皇杯」から、二〇一八年のロシアW杯出場までおおよそ一世紀を、貴重な文献とともに振り返る。
978-4-334-04352-0

947
非正規・単身・アラフォー女性
「失われた世代」の絶望と希望
雨宮処凛
「失われた二〇年」とともに生きてきた受難の世代――。仕事・お金・介護・孤独……。現代アラフォー女性たちの「証言」から何が見えるのか。ライター・栗田隆子氏との対談を収録。
978-4-334-04353-7

953
知の越境法
「質問力」を磨く
池上彰

森羅万象を噛み砕いて解説し、選挙後の政治家への突撃取材でお馴染みの池上彰。その活躍は〝左遷〟から始まった。領域を跨いで学び続ける著者が、一般読者向けにその効用を説く。

978-4-334-04359-9

954
警備ビジネスで読み解く日本
田中智仁

警備ビジネスは社会を映す鏡——。私たちは、あらゆる場所で警備員を目にしている。だが、その実態を知っているだろうか？「社会のインフラ」を通して現代日本の実相を描き出す。

978-4-334-04360-5

955
残業の9割はいらない
ヤフーが実践する幸せな働き方
本間浩輔

あなたの残業は、上司と経営陣が増やしている。「1on1」「どこでもオフィス」など数々の人事施策を提唱してきたヤフー常務執行役員が「新しい働き方」と「新・成果主義」を徹底解説。

978-4-334-04361-2

956
私が選ぶ名監督10人
采配に学ぶリーダーの心得
野村克也

川上、西本、長嶋、落合…監督生活24年の「球界の生き証人」が10人の名将を厳選し、「選手の動かし方」によって5タイプに分類。歴代リーダーに見る育成、人心掌握、組織再生の真髄。

978-4-334-04362-9

957
地上最大の行事　万国博覧会
堺屋太一

六四二二万人の入場者を集め、目に見える形で日本を変えた70年大阪万博の成功までの舞台裏を、その総合プロデューサーであった著者が初めて一冊の本として明かす！

978-4-334-04363-6

958
一度太るとなぜ痩せにくい？
食欲と肥満の科学
新谷隆史

いつか痩せると思っていても、なかなか痩せられない……。肥満傾向のある人、痩せられない人のために最新の知見を報告。健康に生きるヒントを伝える。【生物学者・福岡伸一氏推薦】

978-4-334-04364-3

959
アップルのリンゴはなぜかじりかけなのか？
心をつかむニューロマーケティング
廣中直行

商品開発は、今や「脳」を見て無意識のニーズを探る科学の時代だ。「新奇性と親近性」、「計画的陳腐化」、「単純接触効果」、「他者の力」。認知研究が導いたヒットの方程式を大公開。

978-4-334-04365-0

960
松竹と東宝
興行をビジネスにした男たち
中川右介

歌舞伎はなぜ松竹のものなのか。宝塚歌劇をなぜ阪急が手がけているのか。演劇を近代化した稀代の興行師、白井松次郎・大谷竹次郎兄弟と小林一三の活躍を中心に描いた、新たな演劇史。

978-4-334-04366-7

961
フランス人の性
なぜ「#MeToo」への反対が起きたのか
プラド夏樹

高齢者であってもセックスレスなどあり得ない。子どもに8歳から性教育を施す。大統領も堂々と不倫をする。「性」に大らかな国・フランスの現在を、在仏ジャーナリストが描く。

978-4-334-04367-4

962
土　地球最後のナゾ
100億人を養う土壌を求めて
藤井一至

世界の土はたった12種類。毎日の食卓を支え、地球の未来を支えてくれる本当に「肥沃な土」は一体どこにある？　泥にまみれた研究者が地球を巡って見つけた、一綴りの宝の地図。

978-4-334-04368-1